/ 100 位
为新中国成立作出突出贡献的英雄模范人物/

王尽美

丁龙嘉/编著

吉林出版集团 | 吉林文史出版社

图书在版编目（CIP）数据

王尽美 / 丁龙嘉编著. -- 长春 ：吉林文史出版社，
2011.4（2024.5重印）
（100位为新中国成立作出突出贡献的英雄模范人物）
ISBN 978-7-5472-0506-8

Ⅰ. ①王… Ⅱ. ①丁… Ⅲ. ①王尽美（1898～1925）—
生平事迹 Ⅳ. ①K827=6

中国版本图书馆CIP数据核字(2011)第049787号

王尽美

WANGJINMEI

编著/ 丁龙嘉
选题策划/ 王尔立　责任编辑/ 王尔立
装帧设计/ 韩璘
出版发行/ 吉林文史出版社
地址/ 长春市福祉大路5788号　邮编/ 130118
电话/ 0431-81629363　传真/ 0431-86037589
印刷/ 天津海德伟业印务有限公司
版次/ 2011年4月第1版 2024年5月第7次印刷
开本/ 640mm×920mm　1/16
印张/ 9　字数/ 100千
书号/ ISBN 978-7-5472-0506-8
定价/ 29.80元

《100位为新中国成立作出突出贡献的英雄模范人物》丛书

/ 100 位

为新中国成立作出突出贡献的英雄模范人物/

八女投江　于化虎　小叶丹　马本斋　马立训　方志敏

毛泽民　毛泽覃　王尔琢　王尽美　王克勤　王若飞

邓　萍　邓中夏　邓恩铭　韦拔群　冯　平　卢德铭

叶　挺　叶成焕　左　权　诺尔曼·白求恩　任常伦

关向应　刘老庄连　刘伯坚　刘志丹　刘胡兰　吉鸿昌

向警予　寻淮洲　戎冠秀　朱　瑞　江上青　江竹筠

许继慎　阮啸仙　何叔衡　佟麟阁　吴运铎　吴焕先

张太雷　张自忠　张学良　张思德　旷继勋　李　白

李　林　李大钊　李公朴　李兆麟　李硕勋　杨　殷

杨子荣　杨开慧　杨虎城　杨靖宇　杨闇公　萧楚女

苏兆征　邹韬奋　陈延年　陈树湘　陈嘉庚　陈潭秋

冼星海　周文雍、陈铁军夫妇　周逸群　明德英　林祥谦

罗亦农　罗忠毅　罗炳辉　郑律成　恽代英　段德昌

贺　英　赵一曼　赵世炎　赵尚志　赵博生　赵登禹

闻一多　埃德加·斯诺　夏明翰　格里戈里·库里申科

狼牙山五壮士　聂　耳　郭俊卿　钱壮飞　黄公略

彭　湃　彭雪枫　董存瑞　董振堂　谢子长　鲁　迅

蔡和森　戴安澜　瞿秋白

前言

每个人的心中都多少有一点英雄情结，都向往英雄、景仰英雄。也正因此，在中华人民共和国建国六十周年之际，由中央十一部委联合组织开展的“100 位为新中国成立作出突出贡献的英雄模范人物和 100 位新中国成立以来感动中国人物”的评选活动中，群众参与投票总数近一亿。这其中的每一张选票，都表达了人们对英雄模范的崇敬之情，寄托着对伟大祖国的美好祝福。

一个民族不能没有英雄，否则这个民族就不会强大。当国家危难之时，懦弱者选择了逃避、妥协甚至投降，英雄们却挺身而出，用热血捍卫民族的尊严，人民的幸福。在创立和建设新中国的伟大历程中，涌现出无数可歌可泣的英雄模范人物。他们之中，有为了民族独立和人民解放而英勇牺牲的革命先烈，有为了党和人民的事业而不懈奋斗的优秀共产党员，有在全民族抗战中顽强奋战、为国捐躯的爱国将士，有英勇杀敌的战斗英雄和革命群众，有积极从事进步活动的著名民主爱国人士和国际友人……他们是民族的脊梁、祖国的骄傲，是激励全体人民团结奋斗的精神力量。

《100 位为新中国成立作出突出贡献的英雄模范人物传记》丛书，就像一部星光璀璨的英雄谱，真实、完整地记录了英雄模范人物不平凡的一生，再现了他们非凡的人格魅力和精神世界。“头颅可断腹可剖”的铁血将军杨靖宇，“毫不利已，专门利人”的白求恩，“抗战军人之魂”张自忠，“砍头不要紧”的夏明翰，“俯首甘为孺子牛”的文化斗士鲁迅……一串串闪光的名字，一个个动人的故事，犹如群星闪烁，光耀中华。

如今，战火已熄，硝烟已散，英雄已逝，我们沐浴在和平的幸福之中。在和平年代，人们不会忘记为今日的和平浴血奋战的英雄们，英雄的故事永远不会结束。让我们用英雄的故事唤醒我们心中的激情，为中华民族的伟大复兴而奋斗。

生平简介

王尽美（1898–1925），男，汉族，山东省诸城市人，中共党员。

王尽美是山东党组织早期组织者和领导者，中国共产党创始人之一。1919 年参加五四爱国运动，被推举为山东学生联合会负责人之一。1920 年 3 月北京大学马克思学说研究会成立后，被发展为外埠会员。同年冬，与邓恩铭等发起成立励新学会。1921 年春，发起创建济南的共产党早期组织。7 月，赴上海出席中国共产党第一次全国代表大会，后任中共山东区支部书记，中国劳动组合书记部山东分部主任。1922 年 1 月，参加在莫斯科召开的远东各国共产党和民族革命团体第一次代表大会。7 月，出席中共第二次全国代表大会。会后留在中央负责领导工人运动，参与制订《劳动法大纲》，先后领导山海关、秦皇岛等地的罢工斗争，是开滦五矿总同盟罢工指挥部成员之一。1922 年 11 月，在山海关领导建立党的组织。1923 年 2 月，被反动当局逮捕，经工人营救获释，继续主持山东党的全面工作。1924 年 1 月，参加中国国民党第一次全国代表大会。11 月，任中共山东地方执行委员会书记。1925 年 1 月出席中共第四次全国代表大会。1925 年 2 月抱病组织青岛国民会议促成会，参与领导胶济铁路工人大罢工。因长期积劳成疾，同年 8 月在青岛逝世。

1898-1925

[WANGJINMEI]

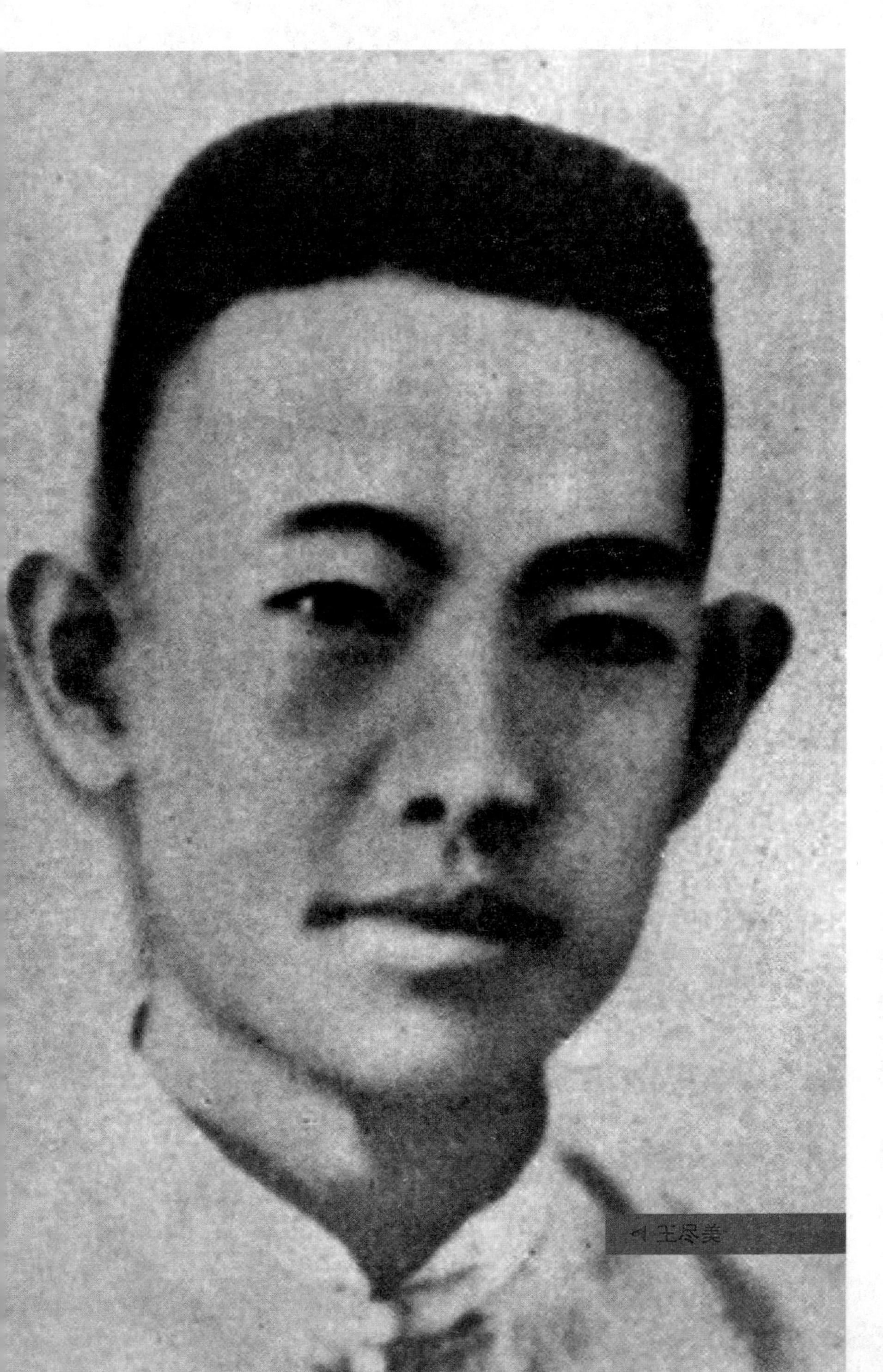

◁ 王尽美

目录 MULU

沉浮谁主问苍茫

（1898—1918）

倔强的陪读生

★★★★★

（0–7 岁）

1898 年 6 月 14 日（农历戊戌四月二十六日），山东省诸城市大北杏村（时属莒县）东南角一间矮小潮湿的茅草房中，一个婴儿呱呱坠地。小生命的诞生，给正陷入极度痛苦中的这个家庭带来了一点欣喜和宽慰。这个人丁不旺、三世单传、香火濒断的家庭的血脉，又能够得以延续了。

这个婴儿，就是后来的中共“一大”代表、山东党组织创始人之一的王尽美。

大北杏村坐落在诸城、莒县、日照等县交界处，距莒县城一百余里，离诸城县城只有几十里，虽然当时属莒县，

△ 位于山东诸城北杏村的王尽美的故居

但人们同诸城来往更频繁些。随着行政区划的不断变更，大北杏村的归属也时有变化，1965 年划归诸城县。

大北杏村位于平原与山地的连接处。村北面是一望无际的昌潍平原，村南面是绵亘起伏的沂山山脉。一条水流湍急的潍河绕村而过，而绿了又黄、黄了又绿的乔有山终年伴随着这个小村。

王尽美的祖籍并不是大北杏村。他的祖父从外地逃荒来到这里，以后给村中地主“冠山堂”当了佃户，才在村内定居下来。

王家可谓地无一垅，房无半间，全家人靠租地主几亩山岭薄地维持啼饥号寒的生活，靠租赁地主三间厢房挡风避雨。王尽美的故居，是地主“冠山堂”家堆放杂物的地方，长 9.24 米，宽 4.2 米，山墙高 3.12 米，墙厚 0.6 米，一门两窗，低矮潮湿。

王尽美的祖父王兴业，本有五个儿子，但前四个都在艰难的生活中夭折了，只剩下了一个老生。老生儿子穷得没有大号，人称王五。王五，就是王尽美的父亲。王五在结婚后第二年、王尽美出生前四个月，就在贫困交加中离开了人世。一时间，王家香火的延续出现了危机。王尽美的诞生，对于他的祖母和母亲两个寡妇来说，怎能说不是一件喜事呢！她们暂时忘却了刚刚失去儿子和丈夫的哀伤，感到生活有了一丝希望。

王尽美出生的这一年，正是大荒年月。两个寡妇带着一个幼儿，生活倍加艰难。祖母忍屈受辱到地主家当用人，母亲除忙农活外，还披星戴月纺线纺布，全家人靠着一点点收入，勉强糊口。这一年中，发生了两件大事，一件是戊戌变法，这是资产阶级维新派发动的一次救亡图存的爱国运动，也是一次思想解放运动；一件是义和团运动的兴起，这是农民阶级发动的一次朴素的爱国运动。义和团运动兴起于山东莒县、诸城一带。在当地，义和团运动与戊戌变法相比，前者影响更大。

在苦难中泡大的王尽美，幼年时唯一的乐趣就是听母亲讲故事。王尽美的母亲善良、淳朴、勤劳，而且记忆力好、口才强，会讲许许多多的故事。每当夜深人静的时候，母亲一边摇着嗡嗡作响的纺车，一边讲着娓娓动听的故事。年幼的王尽美，那思绪伴着故事的情节，飞到了很远很远的地方。当母亲说到悲伤处，他淌出了眼泪；当母亲说到美好处，他发出了会心的笑声。王尽美最喜欢听的是义和团反洋教的故事。他对侵略者恨之入骨，对义和团的英雄们由衷地崇拜。母亲讲的故事，是幼年王尽美的精神食粮，在这些故事的熏陶下，他萌生出伸张正义、铲除不平的思想。

苦难生活的磨炼以及对正义的追求和对英雄的崇拜，使王尽美从小就形成了倔强不屈的性格。五六岁的王尽美，因营养不良，瘦得可怜。祖母看在眼里，疼在心上，她有时去地主家上工前，悄悄地嘱咐王尽美："饿了就去找我，见了东家，亲热地叫声老爷、太太，他们会给你好吃的。"可是，王尽美总是让祖母失望，从不到地主家去乞求半点施舍。

莒县、诸城一带，有着一个优良的传统，即崇尚教育。曾在诸城执政过的苏东坡赋诗曰："至今鲁东遗风在，十万人家尽读书。"当孩子长到七八岁时，家庭无论是富裕的还是贫困的，都想方设法让孩子读书。对王尽美异常痛爱的祖母和母亲，极盼望让聪颖的孩子入学读书，但赤贫的生活要供孩子读书是办不到的。天无绝人之路。一个偶然的机会，使王尽美有了读书的可能。1905 年王尽美 7 岁时，地主"见山堂"王介人为 8 岁的祥孩请了一位老先生，在家设塾启蒙，想寻找一个年龄相仿的孩子陪读。王尽美的母亲听到这个消息后，怀着忐忑不安的心情托人向地主说情，要王尽美前去陪读。地主王介人见他聪明伶俐，就答应了。

王尽美进"见山堂"陪读后，先生给他起名曰王瑞俊，字灼斋。启蒙阶段的学习内容是《三字经》、《百家姓》、《千字文》、《日用杂字》等。王尽美深知自己读书之不易，便发愤学习。每一次考试，他的成绩都比祥孩好。王介人看到后心生妒意，便安排王尽美干杂活。王尽美为了保住这难得的学习机会，只好默默干活，挤出时间读书写字。晚上回家后，他又借着月光或蓖麻籽穿成串点着的光学习。在陪读期间，最使王尽美难以忍受的是代祥孩受责。祥孩贪玩，时常旷课，字又写得潦草，书也背不上来。王介人不是教育自己的孩子，而是训斥王尽美，迁怒于王尽美。倔强的王尽美，怎能忍受得了这样的屈辱，几次回家向祖母、母亲诉苦。但祖母、母亲又有什么办法呢？为了让他读书，她们只有流着眼泪劝王尽美忍受。王尽美懂得老人的无奈，只好忍屈受辱，继续陪读。但不到一年，祥孩突然病死，王尽美也就失去了读书的机会。

第二年，本村地主“谋耕堂”家请了一位家庭塾师，教他的儿子春儿读书。地主知道王尽美学习好，就找他伴读。母亲知道伴读的辛酸，有些犹豫。王尽美也因屡受侮辱，而不愿再伴读。后来，在邻人的劝说下，母亲又把王尽美送到“谋耕堂”。不料不到半年，春儿又暴病身亡。从此，王尽美失学在家，干起了农活。

祥孩和春儿明明是病死的，地主却说是王尽美命“硬”，把两个孩子“克”死了。年幼的王尽美，又受到了许许多多无端的指责和辱骂。

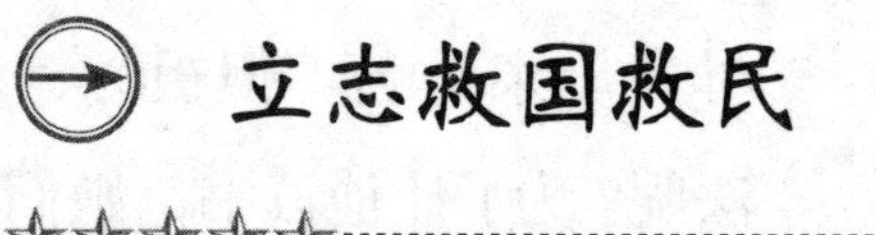

立志救国救民

（8–15 岁）

8 岁的王尽美，起五更睡半夜，搂草拾柴，干农活，尝尽了人间的辛苦。后来，他在一篇文章中写道：“可怜那些贫民的孩子，不到七八岁的时候，就要帮助他父兄去地里操起沉重的工作，日未出即下坡，夜深方回家，终年勤勤恳恳，不敢偷一点闲暇，结果凭血汗所得到的食物、衣料，还要让强有力者尽量掠夺了去，什么赋税、租粒……割肉敲骨，卒致自己还不免冻饿——死亡。”这既是王尽美对童年时周围生活的反映，也是对自己生活的写照。王尽美一家人，辛辛苦苦劳作一年，秋收后一袋袋粮食送到了地主家院，自己所剩无几，终年过着半年糠菜、半年粮的生活。最难过的还是年关，每年农历年关将至，王尽美的母亲就被地主召到家中帮工。她为地主家做年饭、缝新衣，一直忙到除夕深夜。当地主家张灯结彩、鞭炮齐鸣时，王尽美的母亲才拖着疲惫不堪的身子回到家中。回到家中的她，望着一老一小，看着空荡荡的屋子，为无法过年而暗暗垂泪。

村南的乔有山，也叫南岭，每到青黄不接时或灾荒年月，王尽美和许多穷家孩子就到岭上去挖野菜、摘树叶充饥。但南岭为地主占有，他们派人在山上看守。穷孩子们上山采集野菜、树叶时，若被看守碰上，轻者遭辱骂，重者被毒打。后来，王尽美曾对人说：“南岭，难岭也！”

世道的不公，使少年王尽美感到迷惑不解。同样是人，为什么有的人不劳而获，有的人坐享其成？为什么有的人吃山珍海味、穿绫罗绸缎，有的人终年辛苦、不得温饱？他常常就这些问题询问母亲。母亲总是含着泪水回答说：“这是穷人的命苦啊！”已渐渐懂事的王尽美

不再满意这样的答案。有一次，他问母亲："'命'不好，不能换一换吗?""换'命'?!"母亲一怔。其实，她何尝不想改变一下悲惨的命运呢?可她又有什么办法呢?母亲望着早熟的儿子，心中默默地祈祷着，希望儿子长大后能够改变这个贫苦的命运。

1910年春，大北杏村办起了村塾。村塾主要招收贫寒子弟入学，学费很低。王尽美在失学三年之后，有幸又获得了学习的机会。他在村塾的两年间，不但刻苦学习，而且善于思考，深得先生张玉生的称赞。张玉生终身从教，直到晚年，还常对人讲："我这一生中教了许多学生，最得意的就是王瑞俊了。他学的课程，都是当天背熟当天默写出来，从来不差一字。他还不在于会背会写，更注重于弄懂意思。"

1912年，山东各县劝学所为推行新学，派人到各地查封、改良私塾，开办新式学校。就在这一年，大北杏村成立了初级小学，王尽美转入了这所小学的四年级学习。由于王尽美品学兼优，被指定为大学长，并免除了学费。1913年，初级小学毕业的王尽美升入设在枳沟镇的高级小学。枳沟镇距北杏村12里，距诸城县城40里，因村内有沟，沟边多枳，故名。在枳沟镇高小，王尽美是唯一的免费生，并继续任大学长。在所有的学生中，王尽美是最远的走读生。每天早晨，他早早到校，日落黄昏，才匆匆离校。中午时，他边看书边吃着从家中带来的地瓜干、咸菜头，渴了就喝点凉水。王尽美的姑家住在枳沟镇，每逢雨雪天，姑家表兄就留他在家中住宿。王尽美知道姑家生活清贫，住在姑家从不添麻烦，尽力帮助干些农活。王尽美酷爱读书。课堂上的书本已经不能满足他的需求了，他听说谁手里有新书，就想方设法去借。有一次，他听人说诸城县的大镇相州有新书，于是就步行五六十里前去借看。为了减轻祖母、母亲的负担，每年麦、秋假时，王尽美除了做自家农活外，还打短工补贴家用。在新式学校学习期间，王尽美的知识丰富了，眼界开阔了，于是对周围的环境有了新的感悟，思想开始发生巨大变化。

此时的诸城，也正在发生着历史性的变化。1911 年辛亥革命前，革命党人就在诸城地区活动。辛亥革命后，各省纷纷宣布脱离清朝政府并独立。1911 年 11 月 13 日，在革命高潮压力下，山东巡抚孙宝琦被迫宣布独立。12月后，孙宝琦在袁世凯的支持下，又宣布取消独立，恢复旧制。这时，革命党人云集青岛，计议在青岛、诸城、安丘、高密一带发动独立。特别是诸城，多山近海，可战可守，革命党人把这里作为革命根据地。1912年2月3日，革命党人攻占了诸城县城，宣布诸城独立，并成立了山东军政府分府。诸城军政府分府成立后，四处张贴标语，声明凡愿剪掉辫子者皆可入革命党，同时派出宣传队进行宣传，号召各界人士响应起义。当时，“驱除鞑虏，恢复中华，创立民国，平均地权”的口号，振奋人心。2月12日，诸城县城内劣绅勾结清军，攻陷县城，到处捕杀革命党人，洗劫财物。不久，搜捕波及枳沟镇。诸城独立运动惨遭失败。第二年，诸城县紫沟的小刀会领导农民在千佛阁起义，在当地引起了强烈反响。资产阶级的独立起义、农民的反抗斗争，使王尽美感觉到世道正在起变化。他为这种变化而振奋。

在枳沟高小学习时，王尽美的思想深受老师王新甫的影响。王新甫是新派人物。他毕业于济南山东法政学堂，在省城接受过一些新思想，倾向革命。随着革命形势的进展，他常在课堂上发表一些激进的言论。他给学生讲述铁路风潮、武昌起义等革命事件，介绍黄花岗七十二烈士、邹容等人物事迹。他还推荐、介绍一批当时流行的书籍和刊物给学生们，例如《天演论》、《革命军》、《民报》。这些革命事件、革命人物、革命书刊，将王尽美的思想引向了一个新的境界，他渐渐地明白了一些革命的道理，越来越关心国家大事。从此，王尽美确立了救国救民的远大志向。

走向广阔天地

☆☆☆☆☆

（17–20 岁）

1915 年，王尽美在枳沟镇高级小学毕业后，再一次失学在家，从事农业劳动。这一年秋，祖母和母亲为王尽美订婚。其妻李氏，是莒县东乡庙后村人，她比王尽美大一岁，是一位勤劳的贫苦农民家庭的女儿。

参加农业劳动的王尽美，成了家庭的顶梁柱。王尽美不忍心看着年老体衰的祖母和勤劳善良的母亲为生活而终年劳累，他努力学习农活，尽力地去干，很快掌握了一些农活技法。

繁忙的劳动，沉重的负担，困苦的生活，并没有扼杀王尽美那求知的欲望，也没有窒息王尽美那追求进步的思想。王尽美千方百计地搜寻书刊，凡是能够找到的书籍、刊物和报纸，他都想方设法借来，贪婪地阅读着。

在枯燥的农业劳动之余，王尽美同许多农民一样，喜欢摆弄乐器和演戏。他十分喜欢文艺。那时大北杏村有个农民戏班子，王尽美常去戏班子玩。在那里，他学会了拉二胡、吹笛子、吹唢呐、演戏等技艺，不久又成为戏班的正式成员。每年新春正月时节，戏班子为各村农民去演戏，王尽美都积极参加。后来有人回忆说，亲眼看到寒风瑟瑟的舞台上，王尽美身穿黑袄，腰系扎带，头戴毡帽吹笛子。

20 世纪一二十年代，发生在诸城的两件事，深刻地震撼了王尽美的思想。1915 年 12 月，袁世凯复辟帝制，激起了全国的反袁浪潮，各地纷纷护国讨袁。1916 年 5 月 17 日，中华革命军东北军马海龙支队进入诸城县，在广大民众的配合下，攻克县城，宣告独立，并开监放人，开仓济民。也是这一年，郑耀巨组织民众在白龙山树起农民起义大旗，反抗地主压迫。在起义的影响下，附近的佃户接连两三年没有给地主交租。这一次资产阶级的护国讨袁、农民的反抗压迫，使王尽美深深感觉到，自己应当在这个变动的时代中大有作为。

恰在这时，省城济南有官费学校可报考。王尽美考虑到官费学校读书，不会增加家庭的经济负担，而此时家庭中有妻子照顾祖母和母亲，自己也无后顾之忧。但是，当他向母亲提出到济南求学时，却遭到了母亲的坚决反对。在那兵荒马乱的年月，她怎能舍得让这根独苗苗远去那五六百里之外的地方呢。王尽美只好一遍又一遍地向母亲解释、恳求。母亲见独生子求学心切，只好含着眼泪答应了。

1918 年春夏之交，燕子刚刚归来，王尽美却要离开养育自己的家乡。临行之前，他登上村前连绵起伏的乔有山，远眺村后滚滚东流的潍河水，不禁感慨万千，思绪联翩，遂吟诵出一首壮怀激烈的抒情诗：

沉浮谁主问苍茫，古往今来一战场。
潍水泥沙挟入海，铮铮乔有看沧桑。

尽善尽美唯解放

（1918—1922）

五四运动中崭露头角

（20-21岁）

1918年春夏之交的一个早晨，王尽美背起简单的行装，揣着母亲筹得的一点点路费，怀着复杂的心情，辞别满面泪水的祖母、母亲和年轻的妻子，跟随一位去济南经商的同乡，踏上了去省城济南的路途。

济南，北临黄河，南依泰山，景色明丽，兼有南方秀雅与北方浑朴之美，尤以泉水擅名天下，素有泉城之称。济南，是一座历史名城，自明代以来，一直是山东省省会，为全省的政治、经济、文化中心。

王尽美到济南后，很顺利地考取了

山东省立第一师范学校。这所学校实行官费津贴，入校学习的学生，不但不用交学杂费和书籍费，而且食宿费用也由学校供给，有时还发制服。家境贫寒的王尽美感到心满意足。省立一师培养目标是，造就山东国民小学教师，校址设在泺源书院。随着教育事业的发展，又在济南北园双桥寺附近成立了分校，称北园分校。北园分校招收高小毕业生入学。省立一师的学制是，预科一年，本科四年。王尽美是高小毕业生，所以一开始进入北园分校预科班，翌年升入本科第十一班。

王尽美报考师范，有自己的目标。他在入校后写的第一篇文章中说："希望到师范学校研究教育原理，探讨新教育的目的和方法"，以期"将来能把我四万万同胞的腐败脑筋洗刷净尽，更换上光明纯洁的思想"。

王尽美进入省立一师后，把主要精力倾注在学习上。当时的省立一师是制度比较完备的中等师范学校，制订了管理学生的多种规则，如教室规则、宿舍规则、自习规则、阅览规则、实习规则、考勤规则、音乐练习规则、奖惩规则等。学校定期举行各种例会和活动，如朝会、讲演会。讲演会在星期六下午举行，由学生轮流讲演，以增进知识，练习语言。此外，学校为加强学生武术、体育、音乐练习，还成立了武术部、音乐部。应该说，学校的教育比较正规有序。省立一师课程设置正规、精深，每周上课 36 节，非常紧张。在这个环境中，王尽美除学好规定的课程以外，就是博览群书，他尤其酷爱文史方面的书籍，并且还抽出时间积极参加文艺活动。他擅长绘画、书法，喜好音乐，是学校雅乐组的笛子、唢呐吹奏演员。由于王尽美成绩优异、多才多艺，而又性情温和、热情诚恳、平易近人，所以同学们都很尊重他，乐于同他谈心、交朋友。

这种埋头读书的日子没有多久，王尽美对自己所学的课程就产生了困惑。当时，虽然清政府已被推翻了，可是教育方针依然是老一套的“修身、齐家、治国、平天下”；虽然新文化运动已发起多年，可是新思潮依然受到压制，青年学生的思想受到禁锢。王尽美对这种教育渐感不满，陷入苦闷彷徨之中。他向自己提出了许多问题：这些远离现实的学问，能解决中国的实际问题吗？灾难深重的中华民族如何才能独立、富强？……正在这时，伟大的五四爱国运动爆发了，王尽美的心豁然开朗。

五四运动是因山东问题而引起的。

从 1919 年 1 月开始，第一次世界大战的战胜国在法国巴黎召开所谓“和平会议”。中国政府作为战胜国参加了会议。在会上，中国政府代表提出取消外国在中国的

△ 1919年在巴黎召开“和平会议”

某些特权、取消日本强加给中国的“二十一条”不平等条约的正义要求，但都遭到无理拒绝。在讨论德属殖民地问题时，中国代表又提出，战前德国在山东攫取的各项权益应直接归还中国，而日本却提出，已由它在大战期间强占的德国的胶州湾租借地、胶济铁路以及德国在山东的其他权益，应该无条件让与日本。巴黎和会事关山东主权问题，山东人民倍加关注。早在2月，山东各界就联合建立了外交商榷会；4月12日，济南各校学生代表百余人又成立了山东学生外交后援会，要求集全力以争国权。一向关心国家大事的王尽美，也密切注意着巴黎和会上的动向。4月29日，英、美、法三国议定巴黎和约关于山东问题的条款，完全接受日本的建议。中国代表遵照北洋政府的意旨，准备在这丧权辱国的和约上签字。巴黎和会外交失败的消息传来，具有切肤之痛的山东民众首先行动起来，以济南为中心展开了力争主权的斗争。

5月4日，北京大学等13所大专学校的学生三千余人在天安门前集会，并举行示威游行。他们高呼“取消二十一条”、“还我青岛”等口号，但遭到北洋军阀政府的镇压。消息传来，山东人民极为义愤。5月7日，山东暨济南各界62个团体3.5万余人，举行山东各界国耻纪念大会。此后，济南及山东其他地区各界各团体举行的集会、示威游行和罢课、罢市、罢工、抵制日货斗争如火如荼地开展起来。

这时，在省立一师学习的王尽美，被推选为一师北园分校的代表，领导北园分校的学生投入到轰轰烈烈的运动中。王尽美联络济南其他学校的学生，建立了反日爱国组织，积极开展讲演等街头宣传活动。5月10日，北园分校的学生与济南城内外21所中等以上学校万余名学生，冒着倾盆大雨，不顾督军、省长的命令，冲破军警的拦阻，汇集到省议会，举行大会。大会要求督军、省长转电北京政府：（一）速电巴黎专使，据理力争，勿轻签字；（二）惩办曹汝霖、陆宗舆、章宗祥诸卖国贼等数条。12日，济南各校代表举行会议，正式成立济南学生联合会，统一领导学界爱国运动。

23日，在济南学生联合会的组织和领导下，济南中等以上21所学校举行总罢课，并发表《罢课宣言》，提出罢课后的任务：组织演讲团，分赴各城市、乡镇，宣读亡国之惨状；编写简明印刷物，激发同胞爱国热忱；组织调查部，会同商会分赴各商家调查日货，务使禁绝。王尽美参与起草了这份宣言。27日，济南中等以上学校学生组织演讲团五十余个，轮流到城外各街露天讲演，劝告同胞速醒爱国。在这些活动中，王尽美都是积极参与者和组织者。在组织演讲活动中，王尽美表现特别突出。他义愤填膺地进行街头讲演，揭露日本侵夺山东的强盗罪行，谴责列强践踏公正的卑鄙行径，怒斥北洋政府的卖国行为，号召各界民众在国家存亡、土地割裂这千钧一发之际，共同奋起，誓死维护主权。王尽美的演说，声情并茂，言恳意切，听者无不动容。

6月8日，为指导反帝爱国斗争，进一步激发青年学生的热情，王尽美和省立一师的其他进步学生一起，创办了山东省立第一师范学校《学生周刊》。周刊是一个完全由学生自筹资金创办、自己编写的刊物。它的宗旨是“唤醒同胞，协心戮力以救亡”。王尽美亲自参与了创刊号发刊词的起草。发刊词宣称：“吾等罢课，纯属救国，吾等救国，纯本良心。不忍坐视国家之沦亡，故振臂高呼，反帝救国，盟天日而誓山河，勿持心不决而犹豫从事……”文笔生动，感人至深。周刊的发行，对唤起民众迅速觉醒、反帝爱国，指导学生运动的健康发展，发挥了重要的作用，因而受到各界民众的好评。

在济南学生大罢课后，王尽美又和学联其他负责人一起，联合各界力量，领导了大罢市、抵制日货和断绝日军粮源的斗争。

为举行济南大罢市，王尽美和石愚山等人在省立一师连夜召集济南各校负责人会议，制定罢市的行动计划。会议通过了《罢市宣言》，提出惩办卖国贼，并没收其财产；拒绝签字；释放被捕学生；促进南北议和等四项要求。6月10日拂晓，各校学生按指定区域，百十成群地到达指定地点。约定时间一到，学生们立即从腰间取出白旗，高喊“罢市哟！罢工哟！”济南泉城各商店，在学生的支持下，冲破军警的阻挠，举行全体罢市，并发表了《罢市宣言》。各界群众纷纷支持罢市斗争。大罢市是对山东当局的一个沉重打击。山东督军张树元、省长沈铭昌，限令商店开店营业；派出军警封锁省立一师、省立一中和女子师范等重点学校，严禁学生外出。在王尽美等人的带领下，各校学生奋力拼搏，冲出校门。在学生的支持下，商人继续罢市。山东当局派出军警到各商店

△ 20世纪20年代的山东省立第一师范学校

叩门，强令开市。学生与商人并肩战斗，坚持罢市。当局又派出骑兵、步兵，企图强行驱散学生。学生即结队前往督军署请愿。在前往督军署的路上，受到军警阻拦，两千多名学生便在西门大街静坐示威，进行绝食斗争。王尽美等广大学生，虽一日滴水未进，但为表示斗争决心，没有一个人喝水进食。直至深夜11时，当局才被迫答应了学生提出的条件：（一）电请中央释放北京被捕学生；（二）撤走监视各校的军警；（三）学生演讲自由，军警不得干涉；（四）商人开市与否，任其自由，不许军警干涉；（五）释放因坚持罢市而被捕的商人；（六）青岛问题不签字。此时，学生才解散返校。6月15日，鉴于曹汝霖、陆宗舆、章宗祥已被罢免，当局已接受六项要求，济南商学界万余人在省立一师门前召开联合大会，一致决议，下午开市。这次罢市，长达六天之久。

6月上旬，山东当局为防止学生运动扩大，决定提前放暑假。这时，王尽美、石愚山等学联负责人又领导省立一师与济南各校学生开展了抵制日货斗争和断绝日军粮源斗争。当时，驻济南的日军和日侨吃的粮食主要靠盛产优质大米的北园一带供给。为断绝日本人的粮源，王尽美等组织省立一师和济南各校学生，联合北园爱国人士，发动北园民众把通往市区的道口、桥梁全部

△ 王尽美使用过的毛毯和饭盒

堵截，并设人巡逻，切断了日本人的大米供应。日军恼羞成怒，逮捕了省立一师学生张琴秋和爱国人士李维寿。王尽美即决定“以牙还牙”，遂组织各校学生一千余人，包围了日本领事馆。在学生和各界民众的强大压力下，日本领事馆被迫释放了张琴秋、李维寿等人。这一行动，大杀了日本人的威风。

这年夏天，王尽美以山东省学生联合会代表的身份回到家乡开展爱国斗争。当时，诸城爱国学生已卷入轰轰烈烈的运动中，县城、枳沟、相州、隋家官庄、昌城等城镇学生成立学生联合会、反日会、救国联合会、国货维持会等，举行罢课、集会、游行示威，开展反帝救国宣传和抵制日货等活动。王尽美的到来，进一步促进了诸城爱国运动的发展。在县城，县学生联合会举行全体会议欢迎王尽美等省学联代表和回县代表。会议上，王尽美对诸城的爱国运动行动早、规模大表示赞扬，并和县学联负责人一起研究了下一步运动的开展，他强调学生要和农、工、商民众结合起来，共同进行斗争。6月的一天，在诸城县城西河滩举行了数千人的反日救国大会。在学生的宣传影响下，商店全部关门，店员、工人和进步士绅都参加了大会。首先，王尽美代表省学联讲话。接着，诸城县学生代表、教师代表、进步士绅代表也讲了话，代表们愤怒控诉了帝国主义的侵略和北洋政府的卖国罪行，号召全县学生罢课、商界罢市、抵制日货。会议结束后，举行了声势浩大的示威游行。在这次集会、游行的推动下，诸城县各大集镇都相继举行了类似的集会。为了宣传反帝爱国，诸城县的部分教师和高年级的学生还编写了部分通俗易懂的演唱材料，如《国耻记》、《救国五更》、《高跷段》等。王尽美利用《长江歌》的曲调，填写了爱国新词，亲自教群众演唱。歌词如下：

看看看，滔天大祸，飞来到身边。日本强盗似狼贪，硬立民政官，此耻不能甘。山东又要似朝鲜，嗟我祖国，攘我主权，破我好河山。

听听听，山东父老，同胞愤怒声。送我代表赴北京，质问大总统！反对卖国廿一条，保护我山东。堂堂中华，炎黄裔胄，主权最神圣。

王尽美创作的这首思想鲜明、形式活泼、朗朗上口的歌词，在诸城风靡一时，流传很广。

不久，王尽美离开诸城县城，回到枳沟镇。在枳沟高小，王尽美与母校的教师、学生进行座谈，推进枳沟的爱国运动。在他的宣传、推动下，当地农民组织起“十人团”，配合学生进行抵制日货斗争。王尽美为了唤醒农民，专门作了一首歌谣：

穷汉白劳动，财主寄生虫。

人穷并非命，世道太不公。

农民擦亮眼，革命天才明。

王尽美创作的这首通俗歌谣，展现了

一个现实，揭示了一个道理，指明了一个方向，传唱开来，有人高兴，有人恨。

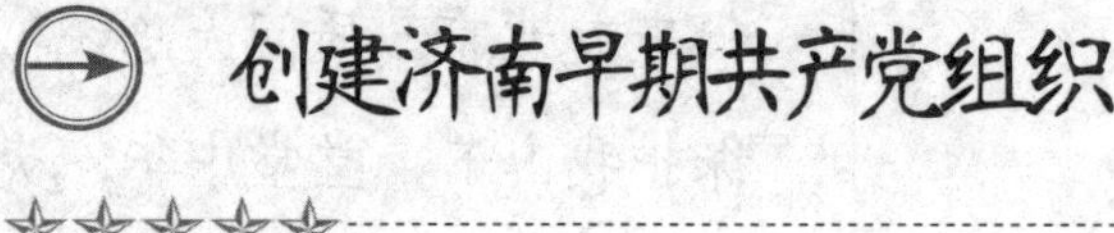

☆☆☆☆☆

（22–23岁）

五四运动前，陈独秀、李大钊宣传的“民主”与“科学”的思想已在济南传播，《新青年》等宣传新文化的刊物已在山东销售，但影响有限。经过五四运动的洗礼，“沉闷的山东，也是如梦初醒”，“国民心理感受新思潮的冲动，渐渐有点觉悟”。一批先进的爱国知识分子进一步探索改造社会的道路和方法。王尽美所在的省立一师，是宣传新文化思想的一个重要地点，教师和学生分为新旧两派。在两派争论中，王尽美坚决站在新思想这一方面，宣传新文化，与旧派进行斗争，并著文阐述自己的观点。

这期间，王尽美深受王乐平的影响。

王乐平，名者塾，字乐平。1884 年 12 月 8 日生于山东省诸城县王家楼子村（现为五莲县西楼子村）。18 岁考中秀才，1906 年考入山东高等学堂，1907 年加入同盟会，从此走上革命道路。1907 年至 1908 年间，王乐平联络同盟会会员于洪起、陈干等，发动学生组织保矿会，领导群众反对清政府以山东矿产为抵押向德国借款的卖国行为，最终迫使德国让步，维护了山东矿权。但事后王乐平却被校方以“革命嫌疑”为由开除学籍。此后，王乐平奉父命返回故乡任教。1909 年重返济南，考入山东法政专门学堂继续求学，并开展革命活动。1911 年辛亥革命爆发后，王乐平在济南与革命党人一起，号召各校学生及商民数千人集会游行，并组织山东各界联合会，迫使山东巡抚孙宝琦宣布独立。1912 年南北议和后，山东临时议会成立，王乐平被选为省议员。之后，又积极参加反对袁世凯复辟帝制等斗争。1916 年 6 月，袁世凯死后，山东省议会恢复，省议员复职。1918 年 9 月，王乐平又当选为山东第二届省议会议员，并任省议会秘书长。五四运动时期，王乐平是山东地区爱国运动杰出的组织者之一。他以省议会代表的身份，往来于济南、上海、北京之间，奔走呼号，争取国际同情与国内支持，特别是率山东请愿代表团赴北京总统府请愿之行，引起了京津学生和广大群众的同情、支持。

王乐平目睹各派军阀置国家民族利益于不顾，互相斗争、勾结、谋取私利的局面，忧心如焚。他深知，要实现民主与自由，必须提高人民的文化思想水平，培养民众敢于向专制主义作斗争的献身精神。因此，他不顾将新文化、新思想诬为“异端邪说”、“洪水猛兽”的反对声浪，在山东积极从事新文化运动。王乐平认为，国家民族的命运系于青年学生之身，所以，他尽可能地给求知的青年学生以指导和帮助。当时，他在青年学生中有较高的威望，一些进步青年学生经常与他来往。

五四运动前后，在济南的诸城学子有一个诸城旅济学生会的组织，他们与王乐平有同乡之缘，交往密切。王尽美与王乐平除有同乡之缘，还是远亲，他们的母亲相互就很友好。所以，在济南求学的王尽美等人都是王乐平家中的常客，深受王乐平的影响。

1919 年 10月，王乐平等在济南院前大街 2 号创办了齐鲁通讯社，并附设售书部，与上海、北京、广州等地的进步团体和出版界建立了密切联系，“一方做通讯事业传达到外边去，一方代派各处新出版物，为介绍思潮、改良社会的先声”。齐鲁通讯社售书部经销全国各地出版发行的进步书刊，主要有《新青年》、《每周评论》、《曙光》、《星期评论》等杂志和介绍苏俄革命、宣传马克思主义和民主自由思想的书籍。王尽美与山东省立第一中学学生邓恩铭、山东公立工业专门学校学生王象午和育英中学教师王翔千等经常到售书部购买或阅读进步书刊。王尽美如饥似渴地学习、研究着

▷ 济南共产党早期组织活动地点之一济南市全胜街22号旧址

各种新思潮，并经常同邓恩铭、王翔千等探讨救国救民、改造社会的道路和方法。在这个探索的过程中，王尽美逐步接受了马克思主义。

随着马克思主义在中国的进一步传播，中国一部分先进的知识分子开始意识到，要用马克思主义改造中国，走十月革命的路，就必须像俄国那样，建立一个无产阶级政党，充当革命的组织者和领导者。1920 年 3 月，以北京大学为主成立了马克思学说研究会。不久，王尽美成为研究会的通讯会员，进一步掌握了马克思主义。1920 年 4 月，苏共远东局经共产国际批准，派维经斯基、杨明斋等组成的俄共党小组来中国，同中国的革命组织建立联系。他们在北京与李大钊等人就建立中国共产党问题进行多次座谈。之后，李大钊介绍维经斯基及杨明斋赴上海会见陈独秀。1920 年 6 月，中共上海发起组成立，陈独秀任书记。不久，陈独秀函约王乐平在济南建立共产党组织。在新文化运动中，王乐平和陈独秀结下了深厚的友谊。他便推荐王尽美、邓恩铭与上海中共发起组联系，筹建济南共产党组织。在筹建党组织的过程中，王尽美与李大钊等北京早期共产党组织的成员时有接触，并得到他们的指导。

1920 年夏秋之际，王尽美联合在齐鲁通讯社售书部结识的邓恩铭等一批向往共产主义的进步青年，秘密建立了济南康米尼斯特（Communist，译为共产主义）学会。学会专门收集共产主义理论书籍，以研究共产主义为宗旨。学会主要成员还有王志坚、李祚周、王克捷、赵震寰、王象午等。王尽美在康米尼斯特学会中发挥了重要作用。

1920 年秋，同维经斯基一同帮助建立中国共产党的杨明斋从上海回家乡山东省平度县省亲。他路过济南时，同王尽美、邓恩铭等共同商谈了建立党组织等事情。

励新

LI SIN

△ 王尽美创办的《励新》杂志和发表的文章

在新思潮的影响下，对现实不满的知识青年越来越多。王尽美等为广泛吸收进步青年参加研究革命理论，经过多次讨论，决定另行组织一个范围更为广泛的学会，名为励新学会。励新学会的发起者有王尽美、王志坚、吴隼等11人。1920年11月14日，发起者举行会议，一致推举王尽美和于其惠、陈汝美、谢凤举四人起草详细会章。励新学会章程共分总纲、会员、会务、机关、职员、会议、会费、附则等八章。章程规定学会的宗旨是：研究学理，促进文化；信条是：勤、俭、诚、勇。

1920年11月21日下午，王尽美等在济南商埠公园大厅召开励新学会成立大会。励新学会总会设在济南市大布政司街（现省府前街）的齐鲁书社。齐鲁书社是由王乐平创办的齐鲁通讯社售书部扩充而成，王乐平任齐鲁书社社长。励新学会会员最多时达五十余人，主要是省立一师、省立一中的学生，山东公立工业专门学校、山东公立商业专门学校等也有一部分学生参加。在王尽美的影响下，他所在的省立一师第十一班的学生几乎全部参加了励新学会。

王尽美是励新学会的重要组织者和负责人。励新学会的会务有：发行报章，举行演讲，举办学术谈话会，出版《励新》半月刊，并规定“除力行上列各项外，当随时扩充举办有益事业”。王尽美任励新学会编辑主任。1920年12月19日励新学会全体会议上又确定由王尽美接替王隼担任《励新》的编辑事务和确定学术谈话会的内容。

《励新》是励新学会的会刊，是会员研究学理的主要园地，每半月出版一次，王尽美为编好《励新》，付出了大量的心血。《励新》以宣传新思想，介绍新文化，揭露社会黑暗，主张社会改革，倡导民众教育为主要内容，在社会上引起较大反响。

王尽美把举行学术谈话会作为励新学会会员学习、研究、宣传革命理论的一个重要途径。在12月的一次例会上，王尽美和会员们制定了学术谈话会简章，规定会员们每星期日用半天时间举行学术谈话会，研究问题，谈论心得。王尽美还经常组织演讲会，邀请济南和北京等文化教育界知名人士到会演讲，并把他们的演讲稿在《励新》杂志上发表。这些演讲生动活泼，立意深刻，切中时弊，深受会员和青年学生的欢迎。

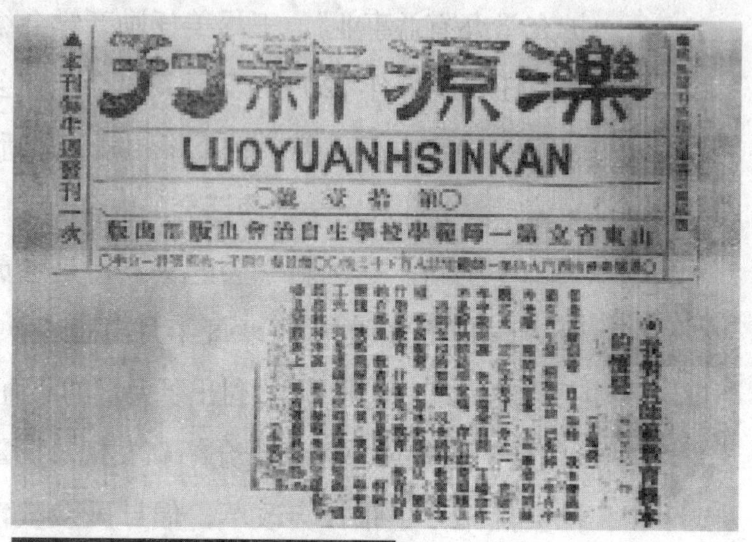

濼源新刊

LUOYUANHSINKAN

第拾壹號

山東省立第一師範學校學生自治會出版部出版

本刊每半週暫刊一次

△ 王尽美在《泺源新刊》上发表的文章

在励新学会期间，王尽美对中国教育的状况和改造极为关注，并就这一问题发表了多篇文章。

王尽美特别强调教育，特别是乡村教育和师范教育的重要性。他认为 :“提高平民的知识，非从教育入手不可”，“乡村教育是一切教育的基础，城市的中等学生都是乡村教育产生的”，“乡村教育是改造社会的利器”，“改造社会首先要从改造乡村教育入手”；师范学校是教育的中坚，“师范里一位学生就是发达教育的一个孢子。将来能把我四万万同胞的腐败脑筋洗刷净尽，更换上光明纯洁的思想，只有赖我们师范了。可见师范教育，是占绝高位置的”。

王尽美从自己在乡村和省立一师的求学经历中，深知旧教育制度的弊端和危害，他对山东教育的状况表现出强烈的不满，发出了彻底改造旧教育的呼声。

王尽美对教育改革提出了独到的见解。他认为“初级师范的功课，决不应该专务高深的学理、专门的知识，宜注意教育常识、普通事理，因为教授小学，实在用不着科学家、文学家”；师范教育除使学生得到应用的知识外，“还要有应付环境的能力，有创作新教育的精神，因为毕业后，就要到万恶社会上，实行办起改移风俗的事业。要不能透彻了解教育原理，没有改造环境的能力，势必陷入万恶社会的漩涡里与之同化，真是危险得很”。因此，他主张：“师范功课，最好自预科起就把关于教育的书籍完全添入，如平民教育的意义、乡村教育、教育原理、教育哲学、小学组织法、小学教授法、国音学、儿童心理学……和旁的科学相提并进，由浅入深，久而久之，自能领会贯通。”王尽美强调，教育要注重实践，理论要与实践相结合。

王尽美认识到要普及乡村教育，使平民都有识字的机会，非先打破贫富阶级悬殊不可。这表明，他已经认识到剥削社会的存在不可能使中国的教育普及和发展，也表明他已经能够运用马克思主义的阶级观点分析社会实际问题。

1921年春，王尽美、邓恩铭建立了济南早期共产党组织，成员还有王翔千、王象午、王复元等。济南早期共产党组织，是中共“一大”之前国内六个早朝共产党组织之一。

 唤醒劳工大众

☆☆☆☆☆

（22-23岁）

各地早期共产党组织成立后，有计划地在工人中开展宣传和组织工作。上海出版了《劳动界》，北京出版了《劳

动音》等刊物。这些刊物用通俗易懂的文字，结合工人生活和斗争的具体事例，深入浅出地宣传马克思主义的基本道理。同时刊登工人来稿，用他们的亲身经历揭露中外资本家对工人的压迫和剥削，诉说工人的要求，在工人中引起共鸣。在北京、上海等地的影响下，王尽美等也开始改变单纯在知识界和青年学生中宣传马克思主义的做法，把目光投向产业工人。

1921年4月15日出版的《励新》第五期刊登了王全（即王复元）的《成年实习班与工学主义》一文。文中谈到中国工人阶级的悲惨状况，提出要学习十月革命、举行罢工、争取八小时工作制等。王尽美对王复元的观点和思想颇为欣赏，称他是“山东劳动界中之先觉者”，同时指出，要想使大多数工人觉悟起来，争取做人的权利，就必须首先宣传马克思主义，使工人有所了解，才能达到目的。

为了向工人宣传马克思主义，1921年5月，王尽美等创办了济南劳动周刊社，在济南《大东日报》副刊上创办了《济南劳动周刊》。王翔千担任《济南劳动周刊》主编，王尽美、王复元参加《周刊》社的工作。

《济南劳动周刊》创刊号上发表了王尽美等人写的一个简单的宣言。宣言声明出版周刊的目的“是促一般

劳动者的觉悟，好向光明的路上去寻人的生活”。宣言阐明办刊方针为：增进劳动者的知识，提高劳动者的地位，改造劳动者的生活。

中共“一大”前后，《济南劳动周刊》与上海中国劳动组合书记部主办的《劳动周刊》、湖南劳工会主办的《劳工周刊》来往密切，互相之间交换报刊，并相互转载各地的工运消息。湖南《劳工周刊》刊载了大量山东工人运动的消息，其中在《济南印刷工人组织读书会》一稿中称：“大东报馆里的印刷工人，人数虽少，却完全是些优秀分子。他们平日里是一面工作，一面尽力研究劳动问题。近日更结合同志，组织工余读书会，各人尽量出资买书，共同研究，将来研究的结果，一定对于劳动界有些贡献，这真是山东劳动者中之一曙光啊！”《济南劳动周刊》创刊之初，多在学生中发行，后来王尽美等考虑到办刊目的主要是教育工人阶级，提高工人阶级的觉悟，就把《周刊》直接送给大槐树机厂、溥益糖厂、鲁丰纱厂及小清河码头的工人阅览。

在创办《济南劳动周刊》的同时，王尽美还先后到大槐树机厂、鲁丰纱厂等厂开展工人运动。

大槐树机厂，是清政府1910年向德国借款建立的，1913年4月正式投产，主要任务是修理津浦铁路北段（由天津至山东省峄县）的机、货、客车，是当时济南最大的工厂。厂子的工人主要来自天津、德州和济南，除天津来的部分技术工人住在厂里的红色砖瓦房（俗称红房子）以外，绝大部分工人都是自己租赁民房住或在工厂墙外的窝棚住。1920 年，全厂有工人一千多人，其中七百多人住在窝棚内。低矮的窝棚小屋，一间接着一间，里面阴暗潮湿。逢上下雨，屋顶漏雨，地面灌水。一到夏季，苍蝇、蚊子成群，流行疾病终年不断。“工人们的生活最苦，每天工作时间在 14 至 16 小时以上，工人每月工资最低者只有几元，吃的非常坏。无床、无椅、无桌、无凳，就地而食，就地而卧。一年无节假，一切死伤疾病，都‘听天由命’，无抚恤医药。工人血汗尽被榨取。”

大槐树机厂由于工人集中、交通方便等原因，所以消息灵通。宣传新文化、新思潮的书刊在工厂里时有出现。在五四运动中，机厂很多工人参加了罢工、游行示威、抵制日货等活动。后来机厂的一位油漆工李广义参加了北京马克思学说研究会，成为该会的通讯会员。他与同为通讯会员的王尽美取得了联系。在王尽美的指导下,李广义在厂内积极开展宣传活动。1921年夏，王荷波经王尽美介绍，到机厂找到李广义，开展工人运动，办起了工人补习学校。之后，李广义等又在王尽美、王荷波指导下，成立了津浦铁路济南大槐树机厂工人俱乐部。俱乐部表面上是一个娱乐机构，不搞什么政治活动，实际上，经常请王尽美、王荷波给工人讲课。王尽美、王荷波在这里宣传马克思主义，并在工人中联络感情、了解情况，从工人中发现、培养骨干分子。工人俱乐部成为山东第一个工会性质的组织。

在大槐树机厂、鲁丰纱厂，王尽美、王荷波等用通俗的语言揭露社会的黑暗,向工人指出“天下工农是一家，不分你我不分他，不分欧美非亚、英美日法俄德和中华，全世界工农联合起来吧，世界太平，弱小民族开放自由幸福花”的道路，号召工人“大家联合起来吧，打倒官僚、地主、土豪劣绅”。这种浅显的宣传、教育，启发了工人的阶级觉悟和为自身的解放而斗争的自觉性、积极性。

出席中共“一大”

★★★★★

（23岁）

1921的6月，中共上海发起组的李达、李汉俊分别写信给各地党的组织或党员，通知各派两名代表到上海参加会议。

济南早期共产党组织经过讨论，决定推举王尽美和邓恩铭出席中国共产党全国代表大会。这时，参加会议筹备工作的北京早期共产党组织成员张国焘从北京提前动身去上海，途中在济南停留了一天。王尽美等非常高兴，邀张国焘与济南早期共产党组织的成员到风光秀丽的大明湖，在游船上畅谈了一天，大家就建党问题详细交换了意见。张国焘走后不久，王尽美、邓恩铭即乘火车

△ 中国共产党第一次全国代表大会会址

南下上海。

王尽美、邓恩铭到达上海时，其他各地代表还未到，他们于是就在李达夫人王会悟的安排下，住到法租界蒲柏路那所环境清静、陈设简单的私立博文女校。

7月23日，参加会议的代表全部抵达上海。当天晚上8时，在法租界贝勒路树德里3号一栋砖木结构的两层楼房内，王尽美、邓恩铭等12位代表、陈独秀的特派代表包惠僧和共产国际代表马林、尼可尔斯基围坐在一张长方形餐桌的四周。具有划时代意义的中共第一次代表大会开始了。大会进行到7月30日晚上，一名秘探突然闯入会场，环视一周后离去。会议立即终止，代表分别转移。十几分钟后，法国巡捕包围、搜查了会场，但一无所获。为安全起见，代表分两批离开上海，转移到浙江省嘉兴南湖的一艘游船上，继续举行会议。

在会议期间，王尽美、邓恩铭汇报了济南的政治形势、建立党组织的简况，介绍了济南早期共产党组织在宣传马克思主义和开展工人运动方面所做的工作。王尽美给中共“一大”代表们留下了良好而深刻的印象，1936年陈潭秋著文回忆中共“一大”时写道：“王、邓两人是非常活泼的青年。”张国焘在《我的回忆》中写道:“他们来到上海以后，仍本着学习的精神贪婪地阅读有关书刊，有时且向到会的代表请教。”

中共“一大”的中心任务是讨论正式成立中国共产党的问题。大会通过了中国共产党党纲，确定党的名称是中国共产党，规定党的纲领是：“革命军队必须与无产阶级一起推翻资本家阶级的政权；承认无产阶级专政，直到阶级斗争结束，即直到消灭社会的阶级区分；消灭资本家私有制，没收机器、土地、厂房和半成品等生产资料，归社会公有。”党纲明确提出，把工人、农民和士兵组织起来，承认党的根本政治目的是实行社会革命。党的“一大”选举陈独秀、张国焘、李达组成中央局，陈独秀任中央局书记。

中国共产党的成立，给灾难深重的中国人民带来了希望。它像光芒四射的灯塔，指明了中国人民的斗争道路。

苏俄之行与出席中共“二大”

（22-23岁）

王尽美、邓恩铭参加中共“一大”回济南时,从上海带回了《共产党宣言》、《马克思主义浅说》、《工钱劳动和价值》等书籍。为了研究、宣传马克思主义，王尽美联络原励新学会中信仰马克思主义的会员，准备成立一个新的团体。1921年9月，济南马克思学说研究会正式成立。这是中共济南党组织直接领导的、公开的、要求严格的学术团体，规定入会者要有会员介绍，而且必须思想信仰一致。王尽美等还吸收优秀工人参加，后来，研究会会员发展到五六十人。研究会的主要任务是组织会员读书，举行报告会。会员经常到研究会阅读刚刚翻译过来的马列著作和介绍马克思主义、苏俄情况的进步书刊。会员每周六集会一次，有时举行讲演会，有时召开纪念会，有时分组进行学习和讨论。

王尽美是马克思学说研究会的倡导者和负责人。在紧张的学校学习和繁忙的会务间隙，他如饥似渴地阅读马列著作。在会员集会上，他经常给会员介绍和分析马克思的学说，发表自己的见解。由于王尽美工作踏实、见解深刻，深得会员的好评。王尽美十分重视宣传工作，他常去人声嘈杂的闹市或景色宜人的大明湖进行讲演，用通俗的语言将马克思主义理论介绍给人们。他给工人作了歌谣：

工人白劳动，厂主吸血虫。

工人无政权，世道太不公。

工人站起来，革命打先锋。

还给店员作了歌谣：

店员白劳动，财东吸血虫。

人穷并非命，世道太不公。

工商联合起，革命无不胜。

他给学生作的歌谣是：

反帝反封建，五四大运动。

打烂旧社会，民族才振兴。

同学快觉悟，革命学列宁。

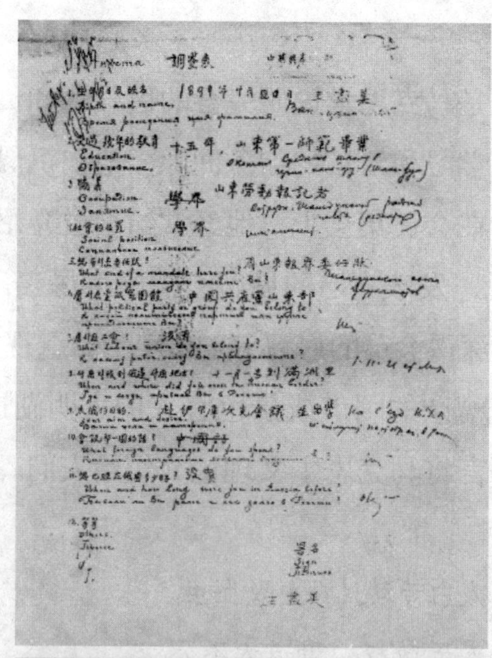

調查表

1. Birth and name. 1899年十月四日

2. Education 十五年，山東第一師範畢業

3. Occupation 學界 山東勞動報記者

4. Social position 學界

5. What kind of a mandate have you?

6. What political party or group do you belong to? 中國共產黨山東部

7. What labour union do you belong to? 沒有

8. When and where did you cross the Russian border? 十一月一号到滿洲里

9. Your aim and desire.

10. What foreign languages do you speak?

11. When and how long were you in Russia before? 沒有

12. Dates.

署名 Sign

△ 王尽美参加远东各国共产党及民族团体代表大会时填的调查表

给士兵作的歌谣是：

小兵死千万，大官立了功。

为何打内战，道理讲不清。

枪口要对外，反帝是英雄。

马克思学说研究会成了宣传马克思主义和开展社会革命活动的阵地。

此时，王尽美越来越忙，不仅要在校内上课和参加活动，而且又要到其他学校、工厂中开展工作，还负责马克思学说研究会的工作。为了避开学校当局的注意，王尽美常常夜间翻越校墙到外面去进行活动。时间久了引起了校方的注意，1921 年秋冬之交的一天，校方将王尽美开除。王尽美被开除后，住到了王乐平所办的齐鲁书社内。从此，年仅 23 岁的王尽美开始了职业革命家的生涯。

1921 年 11 月至 1922 年 2 月，西方列强举行了华盛顿会议。中国政府也派了代表参加。这次会议通过的《九国公约》，肯定了美国提出的“各国在华机会均等”和“中国门户开放”的原则，确认了帝国主义列强共同统治中国的局面。为了对抗华盛顿会议，共产国际倡导在苏俄召开远东各国共产党及民族革命团体第一次代表大会。1921 年下半年，共产国际执委会向中国、朝鲜、蒙古、爪哇等

◁ 中共"二大"会址之一上海南成都路辅德里625号

国共产党或革命团体发出邀请书。中共中央对这次会议极为重视。当1921年秋中共中央收到伊尔库茨克共产国际远东局关于选派代表参加会议的通知后，立即分派包惠僧和周佛海赴长江一带、刘仁静到北方各主要城市，物色、选派代表出席会议。10月，刘仁静来到济南，与王尽美等协商出席会议的代表。经研究协商，确定王尽美、邓恩铭、王复元、王象午、王志坚、王乐平六人分别作为山东共产党、国民党及工人、青年等革命团体的代表参加中国代表团。

为避开北洋军阀政府的阻挠和破坏，赴苏俄的各项准备工作都是秘密进行的。王尽美、邓恩铭、王乐平等几人从济南买了一批昌邑绸子（昌邑绸子在俄国是有名的畅销商品，很多山东小贩做这个买卖），扮作小商人，出山海关，经奉天（今沈阳）、哈尔滨，到满洲里，在满洲里的一家旅馆中找到了预定的联络点，然后乘火车前往伊尔库茨克。当时，西伯利亚铁路虽然恢复通车，但路基崎岖不平，火车跑起来剧烈地颠簸。火车没有煤烧，只能烧劈碎的木块，所以每次进站总要停十几分钟，加足了木块再开车。由于动力不足，火车走得很慢，走了三昼夜才到达伊尔库茨克。

1922 年初的一天，载有中国、蒙古、朝鲜和日本代表的列车由伊尔库茨克驶入了雄伟的莫斯科车站。1 月 21 日，远东各国共产党及民族革命团体第一次代表大会在克里姆林宫斯维尔德洛夫大厅隆重举行。参加大会的远东各国代表共 148 人，其中中国代表团44人。大会的重要内容之一是根据列宁关于民族殖民地问题的理论，阐明了被压迫民族所面临的反帝反封建的历史任务。中国代表在大会上作了报告和发言。在中国工人代表作的《中国近代产业下底工人的状况》的报告中，专门谈到了王尽美等领导下的山东工人运动的现状，指出：山东劳工会发行有《劳动周刊》，会员有五百余人。山东劳工会是中国“几个较新的有实力的工会”之一。2月2日，大会在彼得格勒的大剧院隆重闭幕。

大会闭幕后，王乐平、王象午等先行回国，王尽美、邓恩铭和一些代表留在苏俄参观学习。在苏俄几个月的时间里，王尽美从各个侧面观察和认识这个世界上第一个无产阶级掌握政权的国家。

1922年4月，王尽美自莫斯科回到济南。7月中旬，赴上海出席中共“二大”。出席这次大会的代表是由中共中央局提名或协商确定的。除上届中央局成员是当然代表外，被指定参加大会的还有各省、区党组织的代表和参加远东各国共产党及民族革命团体第一次代表大会回国的党员代表。7月16日，中共“二大”召开。“二大”期间，王尽美结合山东人民斗争的实际情况和远东代表大会的精神，就有关问题谈了自己的意见。这些意见对

▷ 中共“二大”旧址

各项决议的制定产生了一定影响。“二大”的最大功绩是，吸收远东代表大会的精神和列宁的指示，制定了党的最低纲领和最高纲领。最低纲领是：消除内乱，打倒军阀，建设国内和平；推翻国际帝国主义的压迫，达到中华民族完全独立；统一中国为真正的民主共和国。最高纲领是：建立劳农专政的政治，铲除私有财产制度，渐次达到一个共产主义的社会。

在中共“一大”至“二大”期间，王尽美异常兴奋，他决心为中国人民的解放事业奋斗终生。为了表达自己的信念，他把自己的名字王瑞俊改为王尽美，并专门作了一首《肇在造化——赠友人》的诗：

贫富阶级见疆场，
尽善尽美唯解放。
潍水泥沙统入海，
乔有麓下看沧桑。

地覆浪涌掀工潮

（1922—1923）

成立中国劳动组合书记部山东分部

☆☆☆☆☆

（24岁）

中共“一大”作出的第一个决议，大部分内容是关于开展工人运动问题，决议指出党的基本任务是成立工会，党在工会里要灌输阶级斗争的精神，以保证工会成为无产阶级的阶级组织，成为无产阶级向资产阶级作斗争的有力工具。为了全力开展工人运动，1921年8月中旬，中共在上海成立了“公开做职工运动的总机关”——中国劳动组合书记部。1922年5月底，中国劳动组合书记部山东分部（亦称山东支部）在济南成立，王尽美任主任。

山东分部成立时，王尽美亲自撰写了《中国劳动组合书记部山东支部宣言》。《宣言》首先揭露说半殖民半封建社会的中国广大工人已"变成本国或外国资本家富源（的）开发者和资本家的新式奴隶"。接着尖锐地指出工人中存在的一个严重问题——帮会问题。当时，工人以地域不同分成许多帮派，各派之间互相倾轧，相互斗争，严重妨碍了工人的团结，并经常被资本家所利用，从而分散了工人的力量。王尽美指出：劳动者工人阶级只有摆脱封建行会的束缚，按产业组织起来，才能改变悲惨的命运。《宣言》阐述了中国劳动组合书记部山东分部的性质和任务："中国劳动组合书记部山东分部是由山东的一些劳动团体所发起的，是要将各个劳动团体联合起来的总机关。他的事业是要发动劳动组合，向劳动者宣传组合的必要，要联合或改组已成（立）的劳动团体，使劳动者有阶级的自觉，并要建立山东工人们与各地工人们的密切的关系。"《宣言》最后向工人指出了光明的前途："我们拿各国经历过的事实来作比方，知道我们的事业在起初是很困难的。但是资本制度在中国一天比一天的发达，我们相信劳动团体也会日见发达，日见有力，并且相信将来的世界一定是工人们的世界。"

中国劳动组合书记部山东分部成立后，在王尽美的领导下，积极地投入到斗争中去。

1922年6月1日，上海当局无理查封《上海劳动周刊》，并逮捕了该刊编辑李启汉。中国劳动组合书记部山东分部立即对这事件发表了《为〈上海劳动周刊〉被封及李启汉君下狱事敬告全国劳动朋友书》，呼吁“全国劳动兄弟们，我们的仇敌中外资本家，现在连话也不让我们说了，连替我们说公道话的朋友也要铲除了，我们再不起来团结自救，还有我们的生路？”“兄弟们，你们也要觉悟起来，你们的痛苦是谁加给你们的？你们若不甘心做奴隶牛马，为什么还不团结起来，为自己争人格呀？”“兄弟们，我们要争人格呀，联合起来啊，和仇敌中外资本家宣了战罢！”

7月，王尽美等为了推动山东工人运动的发展，决定将已停刊的《济南劳动周刊》改组易名为《山东劳动周刊》，以作为中国劳动组合书记部山东分部的机关刊物重新出版。

《山东劳动周刊》出版所需经费，主要靠王尽美、王用章等劳动组合书记部山东分部的人承担和募集。为筹集资金，王尽美等人绞尽了脑汁，有时不惜变卖自己为数不多的财产以应付。“这一刊物，在毫无基金的情况下，由王尽美、王用章二人支持，每周照常出版，印刷

勞動週刊

工友們，我們大家聯合的機會到了！

▷ 中国劳动组合书记部出版的指导工人运动的刊物《劳动周刊》

费竟拖欠六个印刷所的九期之多，将个人所有者变卖支持下去，不使这一个工运工具中断。”

《山东劳动周刊》大量地介绍了山东工人运动开展的情况，也报道其他各地工人运动的状况。与此同时，王尽美还通过典型事例和生动活泼的语言向劳苦大众宣传组织工人团体的重要性，鼓动工人起来和资本家斗争。《山东劳动周刊》还积极支持济南丰年面粉厂工人的罢工运动，并用通俗易懂的诗词反映工人生活的困难，启发工人的觉悟。其中有一首诗这样写道：

无情最是东流水，

日夜滔滔去不停。
半是劳工血与泪，
几人从此看分明。

为劳动界立法而请愿

☆☆☆☆☆

（24岁）

1922年上半年，直系军阀吴佩孚打败奉系军阀张作霖，取得北京政权后，宣称要重开国会，制定宪法。中国共产党利用这个机会，由中国劳动组合书记部提出劳动法大纲，要求国会通过，并且动员全国工人广泛开展劳动立法运动。作为中共山东党组织和劳动组合书记部山东分部负责人的王尽美积极参加了这一运动。7月，在北京重开国会之际，王尽美和中国劳动组合书记部总部的邓中夏、武汉分部的林育南、上海分部的袁大时、湖南分部的毛泽东、广东分部的谭平山联名向众议院递交请愿书，要求为劳动界立法，保护劳动者的利益和权力。他们在请愿书中说：

同人等素从事于劳工运动，连年来亲睹国内劳工饱受暴力摧残之惨状，深知国内劳工无法律保护之痛苦。加以感受操政权者之巧于舞文玩法，益觉得劳工法案规诸宪法之重要。用是为全国劳工请命计，为国家立法前途计，理合拟具劳动法案大纲十九条，依法请愿贵院尽量采纳通过，规诸宪法，并转暂行新刑律之第二百二十四条罢工骚扰罪及民国三年北京政府敕令第二十八号之治安警察条例正式提出议决取消，以苏工人之围，全国劳工幸甚。

他们提出的劳动立法大纲 19 条主要内容有：承认劳动者有集会结社、同盟罢工、缔结团体契约等权利；实行 8 小时工作制；保护女工、童工；保障劳动者的最低工资等。8 月，中国劳动组合书记部正式发布《劳动法大纲》，动员全国工人开展劳动立法运动。《劳动法大纲》包括劳动立法的四项原则，即保障政治自由，改良经济生活，参加劳动管理，实行劳动补习教育以及具体内容。在王尽美等人的领导下，中共济南地方支部和中国劳动组合书记部山东分部积极组织山东工人开展劳动立法运动，进一步提高了工人阶级觉悟，推动了工人运动的发展，并且使中国共产党和劳动组合书记部在山东工人群众中的威望更加提高。

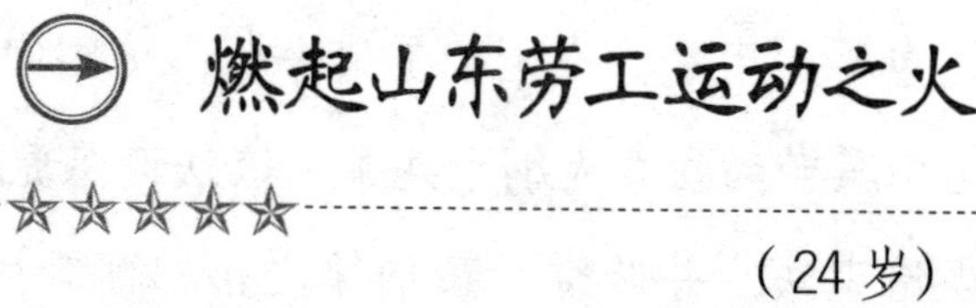

燃起山东劳工运动之火

（24 岁）

1922 年初，新任交通部长高洪恩下令封闭了津浦铁路济南大槐树机厂的工人俱乐部和工人补习学校，而且更换了厂长。新来的厂长对工人的压迫和剥削也日甚一日，“到差以来，其压迫工人的手段较旧厂长更厉害，简直役使工人，不如牛马，防备工人，甚于盗贼，有小不慎就挞辱随之，全体工人至是已愤不可遏”。工人“终日关在牢狱式的工厂里面，行动、言论都被那些变形的禁子、监工、机器司看守了，使我们一点都不能自由，虽然天天聚会，终难得一点谈话的机会”。但中共在机厂的活动并没有停止。3月，中国劳动组合书记部北方执行部主任罗章龙来厂开展工人运动，培养工运骨干，并发展工运积极分子李广义为中共党员。夜校和俱乐部虽被强行封闭了，但王尽美等在此播下的革命火种并没有熄灭。工人虽然不能再到夜校和俱乐部集会，但分散在

◁ 济南大槐树机厂工人俱乐部旧址

家中的小集会比在夜校多了好几倍。他们再也不甘忍受当局的监视和压迫。每当厂里发生工头殴打工人的事，大家就一起围上去与工头讲理。许多工人渐渐明白，要想为自己谋利益，非有团结的团体不可。

中国劳动组合书记部山东分部成立后，王尽美等密切注视着大槐树机厂工人的活动，并经常派人到厂里活动，与厂内的李广义等党员和工运分子讨论成立工会。1922 年 6 月 18 日下午，李广义等联络几百名积极分子在原工人补习学校旧址召开了有各部代表参加的工会成立大会。王尽美对此事非常重视，专门派代表出席了大会，并发表了热情洋溢的贺词：

好了好了
劳动界一线的曙光放到我山东来了
你是握着南北交通的枢机
你是传播文明的利器
你要为山东劳动界多少同胞
首先把这个担儿挑起
但愿你下上决心养足实力
认定方针辨清目底(的)
你要知道
你的后面还有多少同情的兄弟

想要跟着你即时奋起

你要能好好地给他们作一个榜样儿

那才是你的成绩

努力! 努力

有多少亲爱的同胞

眼巴巴地望着你

大槐树机厂工会是山东第一个产业工人工会。工会成立后，王尽美仍然不时地前去进行指导。他努力改善工会本身所存在的缺点，即许多工人对工会并不热心，缺乏责任感；工会没有掌握在专门为工人服务的人手里，不能起到应有的作用，指导工会真正成为工人自己的组织。他同时组织工友读书会，增长工人的文化知识，提高工人的政治觉悟。

1922年7月26日，大槐树机厂工会领导全厂一千余名工人，为改善生活条件而举行了首次罢工，提出了年终工人分花红；不许员司私自介绍人入厂；工人出差按规定发给差费；工人死亡，子弟继承入厂；不给员司送礼；半年增薪一角；成立工人夜校；建立工人浴池；长工工薪由七元五角增至九元；徒工工薪由六元增至七元五角；发放工作服；工人病伤给治疗，不扣工钱；工人婚丧给假，不扣工钱等十二项要求。罢工坚持了七天。其间，工会三次派代表到天津路局请愿，迫使当局答应了年终发双薪；官假（星期日、年假）不扣工钱；每半年加薪一次；病假不扣工钱等大部分条件，部分改善了工人的工作和生活条件。首次罢工的胜利，充分显示了团结奋斗的力量，极大地鼓舞了工人为争取自身解放而斗争的勇气和信心。罢工的胜利，也证明王尽美等人在大槐树机厂工人中所做的宣传、教育、组织工作已初见成效。

早在1921年秋冬之交，王尽美陪同中国劳动组合书记部北方分部主任罗章龙到山东省淄博煤矿，考察矿业工人的劳动生活状况，物色工运先进分子，开展工人运动。1922年6月初，王尽美再次到淄博，具体筹划成立矿业工会的工作。他深入到淄川、十里庄、南旺、大昆仑、南定、西河等矿区工人中，多次召开会议，讲述矿工的苦难生活，揭露帝国主义侵略和资本家剥削的罪行，还以自己在苏俄的所见所闻，介绍世界上第一个工人阶级掌握政权的国家人民的生活，号召工人联合起来结成团体，反对中、日资本家的压迫。为了扩大宣传，使淄博煤矿工人都了解组建工会的目的和作用，王尽美等印发了《劝工友们速来入会》的传单，在矿区中广为散发。经过广泛的发动，建立工会的条件逐渐成熟。6月25日，淄川、南定、博山、西河一带的煤矿工人代表二百五十多人，在洪山镇马家庄旧机器图算学校院内，召开了山东矿业工会淄博部发起会。王尽美亲自到会祝贺，发表了亲切、生动、感人的演说。会后，王尽美撰写了《矿业工会淄博部开发起会志盛》，刊载在《山东劳动周刊》创刊号《特别记事》栏中，文中以欣喜之情写道：

总而言之，劳动运动的新潮，中国比起各国来已经落后又落后了，尤其在中国北方的山东省，更是长夜漫漫，不见一线曙光，又谁知历来处在黑暗势力之下的矿工厂里，竟于不知不觉之中发生此空前的盛会，真令人佩服！

他称赞矿业工会淄博部的成立，“真是中国劳动运动中之曙光啊”！

山东矿业工会淄博部，是在王尽美

的指导下建立的山东第二个产业工人工会。

树起京奉路工运胜利的旗帜

☆☆☆☆☆

（24 岁）

中共“二大”之后，应王尽美要求，中央调王尽美担任中国劳动组合书记部北方分部副主任兼秘书。

此时，中共中央机关和中国劳动组合书记部总部从上海迁到北京，党的许多重要干部来到北方，领导力量大大加强。北方党组织决定利用北洋政府和军阀内部的矛盾，大力开展铁路工人运动。劳动组合书记部北方分部向各条铁路、重要厂矿和城市派遣了特派员。王尽美被任命为京奉路特派员，具体负责京奉路工人运动的组织领导工作。

京奉路的枢纽山海关，地理位置重要，反动统治薄弱，群众基础雄厚，对开展革命工作具有许多便利条件。1922 年 8 月，王尽美来到山海关。他化名刘瑞俊，住在老工人李耀东家里，以铁工厂学徒身份为掩护，开展工作。起初，只有党员杨宝昆及工友俱乐部的少数人知道王尽美的真实身份。王尽美白天干活，伺机进行工作，晚上在俱乐部开办的夜校里，以传授文化为名，宣传革命道理，解释马克思主义。他还向工人骨干秘密介绍俄国十月革命胜利后工人当家做主的情况。有时他还到工人家去登门拜访，帮助解决实际困难。

工人基本上发动起来后，王尽美决定展开斗争，让工人们在斗争中接受锻炼。斗争的矛头首先指向了铁工厂总管、封建把头赵璧。赵璧营私舞弊，欺压工人，作恶多端，工人们早已对他恨之入骨。8 月下旬，王尽美带领工人开展了反赵璧的斗争。经过斗争，迫使京奉路局于 9 月 14 日公开宣布开除赵璧等几个工头，斗争取得初步胜利。

反赵璧斗争取得胜利后，王尽美着手整顿工人组织，改变原来工人组织不够健全的情况，加强工人组织的力量。他仿照长辛店工会组织的模式，在工人中普遍成立十人团，团内设干事一名；每个车间设委员一名；工厂设厂方委员会，委员会选出正、副委员长作为俱乐部的总负责人；俱乐部内设庶务、交际、文书、娱乐等股，由俱乐部委员分别负责；俱乐部还设有总干事，主持俱乐部日常工作。此外，还在工厂里组织了工人纠察队，由年轻精干的工人组成。俱乐部设纠察队总队长，由俱乐部的总干事兼任，下面各车间设有分队，各分队设一分队长。山海关京奉路工友俱乐部经过整顿，健全了组织，加强了领导，成为工人活动的领导核心。9月，王尽美根据山海关的经验，建立了秦皇岛矿务局工友俱乐部。至此，山海关、秦皇岛两地的数千名工人在王尽美等人的统一领导下组织起来了。

但是，厂方千方百计地进行破坏，借故前后开除了俱乐部委员长佟惠亭和副委员长景树庭。厂长的行为激怒了俱乐部成员，大家纷纷要求厂方收回成命。王尽美遂决定借此把斗争引导到改善工人的生活待遇和争取工人基本权利的目标上来，先向厂方提出要求，如不答复，再组织罢工。王尽美将工人提出的六项要求送京奉铁路局，并且登了报，还亲自拟了电讯稿，通过劳动组合书记部，通知给各地的工人组织，立即得到各地工人的声援。可铁路局迟迟不作答复。

王尽美等为进一步向铁路局施加压力，决定召开露天大会，借此动员工人。9月25日下午6时，山海关铁工厂北厂门外的空地上挤满了一千多工人。王尽美亲自登台，作了慷慨激昂的演讲。他说："我们工人是创造世界的，为什么被人家贱视？要知一切幸福，非由生命热血换不来的。我们团结起来誓死力争，没有办不到的！如今当局不允我们的要求，就是想看看我们的实力。我们再不起来奋斗，怕是没有得到好处的日子了。"王尽美的讲话，不断被群众的口号声、欢呼声所打断。工人表示，当局再不承认条件，就罢工！可路局软硬兼施、敷衍塞责，王尽美决定举行第二次露天大会，再施加压力。10月1日，大会召开。《北京晨报》报道了大会的盛况。大会之后，王尽美一方面派代表同路局谈判，一方面准备罢工。

10月4日，京奉路山海关铁工厂大罢工开始了。

在罢工中，工人每天在俱乐部门前集合、点名，王尽美也搬到俱乐部吃住。白天，他和俱乐部委员研究问题，向工人发表演说，组织游行，设法解决部分工人生活困难，消除个别工人的动摇情绪，有时还要出面对付厂方和军警的“说客”，亲自担任谈判代表，经常连饭也顾不上吃，或者一面吃饭，一面处理问题。晚上，他经常彻夜不眠，起草各种宣言和文件。当天发生的事情，连夜写好，第二天一早发出去，三四天内就在天津、北京、上海各报刊上刊登出来。

为了宣告罢工真相，揭露铁路局的欺

△ 1922年山海关铁路桥梁厂旧貌

骗行为，请求全国各界人士及各工团的援助，罢工一开始，王尽美就撰写了《山海关工人宣告罢工真相》宣言。宣言首先描述了山海关工人的悲惨生活和非人的地位，以期引起各界的同情。接着叙述了工人罢工的直接原因，揭露了路局欺骗工人的真相。最后提出了罢工的条件并表示了罢工的决心。宣言表示："若当局不容纳我们的要求，我们虽死不辱。""所要求的条件，一丝一毫也不让步。"宣言发出后，引起了工人及各界的关注和支持。

在全国各地工人的声援下，山海关工人的罢工继续坚持下去。京奉铁路局对工人罢工采取拖的办法，他们认为，罢工日子一长，穷苦工人的生活发生困难，就会被迫上工。

当局的这种办法，也确实给工人群众带来极大困难。但王尽美和工人俱乐部的委员们并没有被困难所吓倒。他们一方面把外地来的电报和信件念给工人听，鼓励工人的信心，振奋工人的情绪，一方面呼吁全国工人支援。为援助山海关工人解决罢工期间的生活困难，开滦煤矿三万工人捐助一日工资。王尽美等把外界捐助的钱救济最困难的工人。他们还将有思想情绪的工人召集到一块儿开会，给他们讲解坚持罢工的意义，同时也帮助他们解决实际困难，保证工人群众齐心协力，团结一致，把罢工斗争坚持到底。

罢工时间一长，工人们的困难确实越来越大。王尽美经过反复考虑，认为必须采用坚决的办法迫使当局迅速答应复工条件。他和俱乐部委员们商议，决定卧轨截车。

10月9日一大早，一千多名工人排着长队向车站走去。当时适值开往北京的四次快车将要出站。工人们忽拉拉地在车轨上躺下来，占了足有一万多米长的铁路。列车开动后，开车的中国司机见此情景想要刹车，而机务科英国纠察却抢过手把亲自开车。车轮滚滚，越走越快，越走越近。然而，卧轨的工人面不改色，全然不动。司机见情况紧急，一把抢过手把，来了个急刹车。此时，车头距离卧轨的工人只有三四节车轨远了。

路经山海关的列车全被截住了。工人们围着火车朝着车站高喊口号。车站站长慌了神，请临榆县县长出面说合。他们一面派代表同工人谈判，一面拍电报给京奉铁路请求办法。直到下午1点多钟，县长担保三天之内答复工人要求，工人才离开车站。截车斗争共进行了四小时，充分表明了工人斗争的决心。

10月12日，京奉铁路局终于答应了工人的要求。

京奉路山海关铁工厂工人坚持九天的罢工取得了胜

利。10月13日，工友俱乐部发表了复工宣言。宣言说：我们这次所得的结果，虽不算完全胜利，可是我们团体的坚固，生死不顾的精神，实可操将来大胜利之左券，尤其在我们罢工期间，各处工友们有的以钱来帮助，有的以实力来帮助，更使我们根本觉悟，唯有同阶级的人，才能生死与共，互相扶持，我们于今要大声呼喊："全世界的无产阶级联合起来啊！"

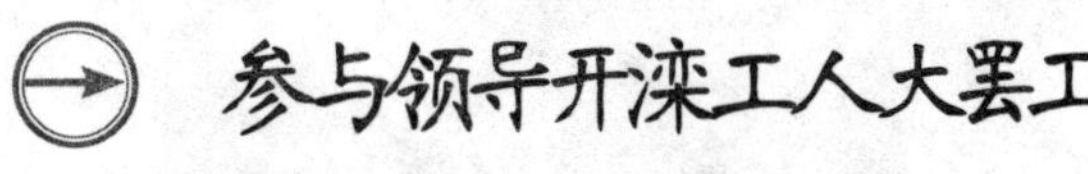

参与领导开滦工人大罢工

（24岁）

山海关铁工厂工人罢工胜利后，秦皇岛和开滦五矿工人的总同盟罢工又开始了。王尽美根据党的统一部署，立即把工作重心转到秦皇岛方面，与邓培、罗章龙、王仲一等人组成罢工总指挥部，领导秦皇岛、开滦五矿工人总同盟罢工。王尽美分工负责秦皇岛的工作，具体指导秦皇岛工人的大罢工。

开滦煤矿为中英合办，实际上变成英国资本控制的企业。开滦煤矿包括唐山、赵各庄、林西、马家沟、唐家庄五个矿，矿工共约五万人。秦皇岛港口，主要是出口开滦煤。英国人在这里设立开滦矿务局秦皇岛经理处，也叫秦皇岛矿务局。它与开滦五矿都在开滦矿务局总经理管辖之下。

◁ 开滦煤矿大罢工时的“工友俱乐部”旗

秦皇岛港口工人当时也通称为开滦工人。

开滦工人大罢工是为增加工资和改善待遇。开滦煤矿工人所遭受的压迫剥削，和其他各业工人相比，更为严重和残酷。

中共在开滦工人中早就进行了宣传组织工作。随着山海关铁工厂工人罢工斗争的胜利，开滦矿工迫不及待地要求改善生活待遇。1922 年 10 月 16 日上午，他们选出八名代表（包括秦皇岛工友俱乐部的代表），向厂方递交了要求改善生活待遇的请愿书。

同日晚，秦皇岛工人俱乐部召集秦皇岛工人举行露天大会。大会讨论了请愿书上的六项条件。这是罢工前一次动员大会。王尽美穿一身蓝裤褂，完全是工人打扮。在会上，他发表演讲说:“我是山海关铁工厂的工人代表。弟兄们，山海关铁工厂也和这里一样，开头那些资本家也是不答复条件，也派走狗说客捣乱，用尽各种花招儿，但是我们工人都看破这一点，继续和资本家作斗争，最后取得了胜利。天下工人是一家呀！我希望你们坚持到底，我们团结起来，胜利永远属于我们……”王尽美的话说到每个工人的心坎上。工人们纷纷议论：“这个人说出了我们工人的心里话，是给咱们来办事的。”“有各处工人支援，我们还怕什么？”工人纷纷表示，如局方不答应工人提出的六项要求，坚决罢工!

在向矿方递交请愿书的同时，开滦工人加快了组织五矿工友俱乐部的工作。10月19日，五矿工人俱乐部正式在唐山成立。

矿方接到工人要求条件后，一方面慑于全国罢工高涨的形势，不得不考虑向工人作某些退让；一方面又自恃与直隶省（今河北省）警务处长杨以德“交谊甚密”，可依其武力作后盾，采取了软硬兼施的手法，分化、威吓工人。

在向矿方递交条件的第六天，即10月21日，唐山京奉路制造厂工人罢工取得完全胜利的消息传来，开滦工人受到极大的鼓舞，纷纷要求赶快组织罢工。23日早晨6点，开滦五矿举行了同盟总罢工。在罢工期间，动员唐山铁路、纱厂、水泥厂工人、交通大学等校学生援助开滦工人的行动。罢工之前，开滦五矿代表将总指挥部的罢工指示信送给王尽美。

由于开滦煤能否在秦皇岛出口，关系到英帝国主义的经济利益及国际声誉，因而矿局对秦皇岛统治极严。在这里，组织工人开展斗争困难较多。罢工前，王尽美亲自主持秦皇岛工友俱乐部开过几次会，和委员们一起分析秦皇岛与山海关斗争形势的相同点和不同点，确定

△ 开滦煤矿罢工领导人之一邓培(中排左四)与工人合影

斗争策略。接到指示信后，王尽美和委员们决定立即举行罢工。

23日清早，汽笛声传遍了秦皇岛，秦皇岛码头工人的大罢工开始了。王尽美等带领工人从四面八方赶向东大庙。纠察队员携带大棒、榔头、斧头，工人们扛着铁锹、洋镐，打着小彩旗。9点钟左右，工友俱乐部委员长廖洪翔宣布开会。王尽美首先讲了话。然后大会宣布了《总同盟罢工宣言》和《致开滦总经理的一封信》。接着，声势浩大的示威游行开始了。游行队伍包围了英国经理齐尔顿的大楼。工人代表把罢工宣言和致总经理的一封信交给他。英国经理急电矿局，请示办法。此次总同盟罢工，范围十分广泛，人员非常多。当时英国《泰晤士报》写道："此次该埠罢工，异常齐心，如电灯、机器各处及车务处、电话、医院内外全体工人无一不加入者。"由于罢工，港口变成了死港，港口存煤甚多，不能起运；停泊煤船18艘，不能起航；职工完全离职，工作全部停顿，无水无电，给矿务局造成极大损失。连开滦矿务局总经理也承认："由于秦皇岛的罢工，以致我局大部的船只不能航行，使我们蒙受重大的经济损失。"

为了向全国各界痛陈矿工的悲惨生活，控诉英国资本家虐待工人的罪状，呼吁全国各地工人声援和支持，五矿工人俱乐部发表了开滦三万多工人总同盟罢工宣言。开滦工人以血和泪写成的宣言发表后，立即引起全国舆论界的注意和各界人士特别是工人的同情和支持。各地工会团体纷纷发表电文，声援罢工，同时，积极募捐，在经济上支持罢工。

开滦五矿工人的同盟大罢工，引起英方的极大恐慌。他们给直系军阀曹锟拍电报，要求保护，曹锟派一个师到矿区。同时，杨以德派唐山保安队3000人开进矿区。

其中一个军警连队驻在秦皇岛。10月26日，唐山保安队在警察局门前向请愿工人队伍开枪，家属求救，也遭枪击，打死1人，重伤7人，轻伤57人，造成流血事件。对此，罢工工人向全国各工团发表第二次宣言，揭露矿局指使警察制造流血事件的罪行，呼吁全国同胞“主持公道”，给以援助。

在秦皇岛的王尽美得知惨案发生后，连夜替秦皇岛工友俱乐部起草了《秦皇岛矿务（局）全体工人痛告国人书》，并于次日发表。在《痛告国人书》中，除公布秦皇岛和开滦五矿工人罢工真相外，痛斥了帝国主义和反动北洋军阀政府制造开滦惨案的罪行。在《痛告国人书》的最后，向全国各界同胞发出呼吁，要他们“主持公道”，援助开滦五矿的罢工斗争。29日，王尽美又替山海关工友俱乐部写出《痛告》，声援开滦工人。

资本家为了尽快将罢工镇压下去，企图使用饥饿手段迫使工人复工。10月31日，开滦煤矿当局命令各矿包工头立即解散集

◁ 开滦五矿工人大罢工时使用的旗帜

体伙食。五矿工人俱乐部用各地捐款在五矿分别开设粥厂，免费供应伙食。秦皇岛工人俱乐部也用外地工人支援的物资举办粥厂，成立互助救济组，解决工人的生活困难。资本家靠饥饿办法平息罢工的阴谋又告失败。

11 月 5 日晚，杨以德命令警察搜查了五矿工人俱乐部，劫走了各地援助的经费、物资和文件，逮捕了劳动组合书记部的特派员，封闭了五矿工人俱乐部。但罢工工人并未因此而动摇。工会被封闭后，竟无一人私自复工。在秦皇岛，王尽美妥善处置罢工中的各种事变，“办事手续周密，一切举动文明”，斗争讲究策略，使反动军警无隙可乘。警察阴谋抓工人强迫上工，山海关方面事先派人送来了信息，王尽美安排俱乐部委员转移了地址，安排工人跑到山海关躲避，或深居不出，所以没有受到重大损失。

秦皇岛港口罢工后，开滦总经理与秦皇岛经理间密电频传，想方设法引诱工人复工。经过王尽美领导工人坚决斗争，粉碎了其阴谋。

罢工给英方资本家在经济、舆论等多方面造成了压力，最后他们不得不放弃强硬手段，寻求向工人让步以结束罢工的办法。在这种情况下，赵各庄、林西、唐山等矿相继复工，但秦皇岛港口工人依然坚持与强迫工人复工的临榆县长进行说理斗争。鉴于各矿陆续复工，王尽美才决定秦皇岛工人从18日起陆续复工，至21日全部开工。

至此，坚持了25天的开滦五矿同盟总罢工宣告结束。

在这次大罢工中，王尽美领导的秦皇岛港口工人罢工是十分突出的，工人们表现得坚定、勇敢，组织纪律性强，罢工结束时，又有计划地组织了退却，使工人队伍未遭受重大损失。连当时英国的《泰晤士报》也不得不承认："查五矿同盟罢工，以秦皇岛团结最力。"

王尽美一直注重在山海关铁工厂中建立中共党组织。1922年11月初，王尽美和杨宝昆一起发展了佟惠亭、刘武入党，正式成立以杨宝昆为组长的党的秘密小组，小组直接接受王尽美的领导。

秦皇岛地区第一个党的组织就这样在山海关诞生了。

有一天，王尽美、杨宝昆及一名工人在下班出铁工厂大门时被捕。工人俱乐部得知后，立即找县长申辩。县长正在迟疑时，四百余名工人纠察队包围了县政府，并扬言要砸县政府。县长深知俱乐部的威力，便以三人以后不再聚众闹事为担保而释放。王尽美等三人被抓两个多小时后，便在几百名工人的欢笑声中，昂首阔步走出县政府。

此时，全国工人运动正处于低潮。山海关当局下令：根据上面通告，为了防止工人闹事，工会必须一律取消，不然就要封闭。王尽美考虑到当时的斗争形势，同党的秘密小组商量决定，工会暂把牌子摘下来，组织秘密存在，工会所在地作为工人的娱乐场所。

不久，由于形势紧张，中共中央决定调王尽美回山东，主持中共济南支部工作。王尽美离开山海关时，工人纠察队副队长代表大家把他送到山海关城外石河边。王尽美回望着暮色苍茫中的山海关，伫立很久很久。然后，他在风雪中踏上了新的征程。

领导济南理发工人罢工

☆☆☆☆☆

（25 岁）

1923 年 3 月，王尽美回到济南，担任中共济南支部书记。5 月 1 日，王尽美组织各业工人，举行了山东省首次纪念国际劳动节大会。7 月，王尽美领导了声势浩大的济南理发业工人罢工，并取得了胜利。

这年 7 月，山东省警察厅厅长高延文巧立名目，准备在济南理发业工人中征收一千元的卫生执照捐。征税办法规定：理发铺每月纳税两元，剃头铺每月纳税一元，挑担串街者每月纳税两角。当时的济南市理发公会会长李德石和王肇庆、白玉臣三人，愿承包征收此项捐税，以便从中渔利。

那时，理发工人处在社会的最底层，在社会上没有地位，终日挨骂受气，经济上也极端困苦，一家老小难以糊口，根本无法支付额外的苛捐杂税。理发工人考虑到如不提高理发价格，实难维持，就向包税人李德石等提出要求，让警察厅发布公告，提高理发价目。李德石等拒不同意，激起了理发业工人的强烈不满，纷纷表示要以罢工抗议。

王尽美等中共济南支部的负责人对理发工人的抗捐斗争颇为关注。王尽美等不失时机地深入到理发工人中进行组织发动。15日，理发工人在千佛山集会，决定赴警察厅请愿。会前，在王尽美等人的指导下，对大会进行了周密的布置和安排，备制了开会和游行用的横标和三角彩旗，并按段进行了分组，推举、确定了负责人，印刷了传单和标语。自早晨5时起，济南各个理发店工人及串街理发匠便开始有组织地赶赴千佛山下。各段代表手执上书“要求警厅取消捐税”、“目的不达誓不复业”、“劳工运动”等字样的小白旗。与会者达两千余人。有些非理发工人也参加了大会。王尽美在会上讲了话。他号召工人们团结起来，向军阀政府进行坚决斗争，不获全胜，决不罢休。下午2时，理发工人由千佛山整队进城。当队伍行至南圩子门时，城门紧闭，警察戒备森严，不许游行请愿队伍进城，并派人来同工人进行交涉。王尽美代表理发业工人提出了免去卫生执照捐等要求。在强大的压力下，警察厅被迫答应工人的全部要求。济南理发业工人的罢工取得了胜利。

在罢工中，王尽美等中共济南支部的负责人看到了理发工人的革命斗争热情和在斗争中产生了一批骨干，便因势利导地帮助工人筹备建立工会组织。10月10日，济南理发业工人召开大会，正式成立了山东理发业联合总会，并发表了《山东理发业联合总会成立宣言》。总会成立后，即在济南附近各县建立分会，到1924年2、3月间，先后在茌平、博兴、利津、平原、禹城、齐河、济阳、长清等十余个县建立了分会，会员达一千七百余人。

中共成立后，集中力量从事工人运动，自1922年1月至1923年2月，掀起了中国工人运动的第一个高潮。其中，最具代表性的是香港海员大罢工、安源路矿工人大罢工、开滦煤矿工人大罢工、京汉铁路工人大罢工。这期间，王尽美在山东、京奉铁路、开滦煤矿的工人运动中，表现出了坚定的立场和卓越的才能，作出了不朽的贡献。

呕心沥血大革命

（1923—1925）

㊀ 发展建设党、团组织

☆☆☆☆☆

（25 岁）

到 1923 年 10 月，在王尽美等的努力工作下，济南党、团组织都有了发展，成员不断增加。10 月 6 日，中共济南支部召开全体党员大会，正式建立了中共济南地方执行委员会（简称中共济南地执委），王尽美任委员长兼宣传部主任。当时有党员 13 名，编为两个组，第一组是学生和知识界的成员，由吴容沧任组长；第二组主要是工人成员，由郝永泰任组长。王用章、王复元兄弟是济南最早的工人党员，重义气，容易与工人接触，在开展工人运动方面发挥了重要作用。王尽美对他们也很信任。但两人总是过高估计自己的作用，认为党内缺少他们不行，动辄声言退党。他们两人之间经常发生矛盾，但如果他们两人之一与另外的人发生矛盾时，便一致对外，如他们与吴容沧之间的矛盾较大，常在党的会议上发生严重争执。王尽美在处理王氏兄弟与吴容沧之间的矛盾时，既坚持原则，又讲求团结，发挥了重要作用。一段时间，吴容沧在王氏兄弟的排挤、打击下，心灰意冷，要求辞去组长职务。王尽美主持中共济南地执委第二次全体党员大会，讨论吴容沧的辞职问题。经过王尽美的说服工作，会议决定吴容沧仍然担任组长。王氏兄弟后来均叛变革命。

王尽美在领导济南地执委开展工作的同时，也加强了党对济南青年团工作的指导。中国社会主义青年团济南地方组织诞生于1922年9月。1923年10月30日，中国社会主义青年团济南地方团召开全体团员大会。团中央巡视员王振翼任大会主席。王尽美等出席了会议。首先王振翼报告了开会的宗旨，并指出济南地方团工作中存在的问题：自在南京召开的第二次全国代表大会之后，没有开过会，工作开展得不好。王振翼说，他的任务就是来改组济南地方团组织，并到青岛组织青年团。接着，代表济南地方团出席中国社会主义青年团第二次全国代表大会的贾乃甫报告了参加会议的情况。大会根据团"二大”通过的团章，选举了新的团济南地方执行委员会。在这次会上，王尽美谈了在山东发展青年团的计划，指出将来山东青年团组织可发展为济南、淄博和青岛三个地方团组织。在王尽美、王振翼的指导下，11月1日，济南团地执委举行第一次全委会议，确定了委员的分工和划编基层组织。基层的每个组都有党的主要负责人在其中发挥作用，从而保证了党对团的领导。会议还决定11月7日召开“十月革命节”纪念大会。

11月7日，济南团地执委根据原定的工作计划，在育英中学召开“十月革命节”纪念大会，到会者达二百余人，王振翼也出席了会议。后来，中共中央称赞大会开得“甚好”。

青岛，是在近代发展起来的一座著名的海滨城市。1923年4月，中共济南支部派邓恩铭到青岛开展工作。当年8月，邓恩铭与青岛的王象午建立了青岛的第一个党组织——中共青岛组，邓恩铭任书记。10月中旬，王尽美来到青岛指导党、团组织建设。他和邓恩铭一起介绍延伯真加入中国共产党，筹建团组织。不久，中央巡视员王振翼也来到青岛。在他们的共同努力下，于11月18日建立了中国社会主义青年团青岛支部，邓恩铭任书记。

王尽美在青岛期间，十分关注工人运动。他和邓恩铭一起，做四方机厂工人自发组织圣诞会负责人郭恒祥的工作，力促圣诞会由行帮性质的团体向工会组织转变。在王尽美和邓恩铭的指导下，圣诞会有了正确的斗争方向，其斗争从争取经济利益逐步发展到谋求政治解放。这时的圣诞会已经具备了工会组织的雏形，它在维护工人的利益、团结广大工人向中外反动统治者进行斗争中，成为青岛工人运动的一面旗帜。

开创山东国共合作新局面

（25 岁）

1923 年 6 月，中共“三大”在广州召开，王尽美派代表出席大会。大会的主要议程是讨论共产党员加入国民党问题。大会接受共产国际关于同国民党合作的主张，通过了《关于国民运动及国民党问题的决议案》等文件，决定全体共产党员以个人名义加入国民党，但同时保持共产党在思想上、组织上和政治上的独立性，以建立各民主阶级的统一战线，把国民党由资产阶级性质的政党改造为工人、农民、城市小资产阶级和民族资产阶级的民主联盟。

国民党在山东有较深厚的基础。1905 年，国民党的前身同盟会成立之始，国内分为五个支部，北方支部设于烟台，辖中国北方八省会务。到辛亥革命爆发前，山东同盟会组织不断发展壮大，仅骨干成员即达二百多人，不少府、县成立了基层组织。辛亥革命爆发后，在济南的同盟会会员徐镜心、丁惟汾、谢鸿焘等人积极筹划下，谋取山东独立。1911 年 11 月，在山东革命党人的强大压力下，山东巡抚孙宝琦被迫宣布独立。12 天之后，以孙宝琦为代表的封建顽固势力在袁世凯的支持下，进行反扑，宣布取消独立，并对革命党人进行镇压。独立被取消后，在济南的革命党人纷纷返回原籍，密谋发动起义，进行革命斗争，但斗争都以失败而告终。

1912 年 8 月，同盟会改组为国民党，成为公开的议会政党。国民党的山东支部由徐镜心、丁惟汾、谢鸿焘等人组成。支部先后在十数县设立分部。1913年11月，袁世凯下令解散国民党，取消国民党议员资格。12月，袁世凯又下令，“取消各省议会国民党籍议员”，“将国民党所设机关……一律解散”。随即山东国民党的活动停止，徐镜心、邱丕振等国民党员先后被杀害，不少国民党员被迫避祸出走，国民党在山东的力量遭到很大打击。

1915年12月，袁世凯窃国称帝，激起全国人民的强烈愤慨。山东国民党人积极响应孙中山的号召，组建革命军参加讨袁护国战争。1916年6月6日，袁世凯在全国的讨袁声浪中郁郁而死。威震一时的山东讨袁护国战争结束。讨袁护国战争结束后，段祺瑞把持的北洋政府拒绝恢复临时约法和国会。于是孙中山在1917年又发起护法战争。山东成为护法战争的重要战场。

在北洋军阀政府统治山东时期，一些进步的国民党人仍然坚持斗争。他们积极宣传新文化，揭露各系军阀只知互相勾结谋取私利，而置国家民族于不顾的丑恶面目。在五四爱国运动中，山东的国民党人积极组织参加请愿、游行等各种抗议活动，有的国民党员还以省议会代表的身份，往来于济南、上海、北京之间，奔走呼号，争取国际同情和国内支持，发挥了重要作用。

从总体上说，改组前的山东国民党同国民党在全国的状况一样，基本上是一个资产阶级政党，缺乏严密的组织，纪律松弛，党员成分复杂，严重脱离群众，没有

△ 1923年6月中国共产党在广州召开“三大”。图为大会旧址。

▷ 邓恩铭

战斗力。

1922 年春，王乐平在远东各国共产党及民族革命团体大会结束后，从莫斯科回山东途经上海时，向孙中山汇报赴苏俄开会、考察的情况，并与丁惟汾共商在山东恢复和发展国民党组织、建立平民学会等问题。王乐平返回济南后，即召集山东的国民党员开会商讨，正式成立半公开的学术研究团体山东平民学会，王乐平任会长。王尽美等共产党人也参加了平民学会。

王尽美、邓恩铭、王翔千等山东的早

期共产党人都受到山东国民党进步人士的影响，特别是深受王乐平的影响。王乐平与共产党的创始人陈独秀等有密切的交往。这些都为山东的国共合作奠定了良好的基础。

中共“三大”后，王尽美等对中央的决定表示拥护，并积极行动起来，与山东的国民党实行合作，共同开展革命斗争。为了宣传三民主义，扩大国民党的影响，王尽美和王乐平一起，开办平民夜校，吸收青年和工人参加学习，经过训练后介绍加入国民党。至 1923 年底，济南平民学会会员发展到三百余名。与此同时，王尽美、王乐平等还在山东各地发展平民学会会员，创办学校。各地会员发展到一百多人，成为山东国民党组织的基础。

1923 年 11 月 24 日至 25 日，王尽美和中共济南地执委代表参加了在上海召开的中共三届一中全会。这次会议主要是研究贯彻中共“三大”决议的具体办法。全会的决议指出，国民革命运动是我党目前的全部工作，全党“当以扩大国民党之组织及矫正其政治观念为首要工作”；在政治上，促使国民党进行反对帝国主义的宣传和活动；在组织上，努力扩大国民党，国民党有组织的地方，如广东、上海、四川、山东等处，共产党员、青年团员“一并加入”，“国民党无组织之地方，最重要的如哈尔滨、奉天、北京、天津、南京、安徽、湖北、湖南、浙江、福建等处，同志们为创设”。决议还指出：共产党在国民党中为一秘密组织，每个党员的“一切政治的言论行动，须受本党之指挥”；在已有国民党组织的地方，“本党地方会应即与SY（指中国社会主义青年团）地方会合组国民党改组委员会，以主持目前即应进行诸事”。济南地执委代表在会议上作了关于济南和山东党务、劳工运动和青年团工作的报告。会议要求济南地执委：努力发展党员，建立党的组织；“青岛方面同志，迅速发展一地方，张店方面亦然，努力发展，使山东成立一区”；积极开展工人运动，“先以全力注意胶济路”，“胶济路组织好了，则青岛工人与沿路矿工即不成问题”；积极帮助国民党改组，“督促国民党正式成立山东支部，大加扩充起来，借以改造腐败的学生会”；扩大马克思主义的宣传，“努力扩充《向导》报及各种宣传品，并相机组织研究主义的团体”。

根据中共三届一中全会的精神，王尽美指示中共济南地执委和中国社会主义青年团济南地执委所属的党、团员，均在所在地区以个人身份加入国民党。王尽美、邓恩铭、王翔千、王用章（后叛变）、郝永泰、贾乃甫、张葆莀、吴容沧、王复元（后叛变）、王象午等都加入了国民党，他们在国民党内积极帮助改组，发展国民党员，推动各地组织的发展。

1923 年 10 月 28 日，国民党临时中央执行委员会举行第一次会议，决定召开全国代表大会。11 月，在国民党山东省党部召开的党员会议上，王尽美等三人被选为出席国民党“一大”的代表。丁惟汾、王乐平等三人作为孙中山指定的代表参加大会。

1924 年 1 月 20 日至 30 日，中国国民党第一次全国代表大会在广东高等师范学校礼堂隆重举行。王尽美、丁惟汾、王乐平、张苇村、杨泰峰、孟广浩作为山东的代表出席了大会。大会有代表 200 人，其中共产党员 23 人，占代表总数的 11%。李大钊、谭平山、林伯渠、张国焘、瞿秋白、毛泽东、李立三等出席了会议。他们在这次大会上起了重要作用。大会审议通过了《中国国民党第一次全国代表大会宣言》。这个宣言对三民主义作了适应时代潮流的新解释，采纳了中国共产党提出的反

△ 中国国民党第一次全国代表大会会场

帝反封建纲领，确立了联俄、联共、扶助农工的三大革命政策，把旧三民主义发展为新三民主义。大会通过了《中国国民党总章》。新党章纠正了以往只注意中央而忽视地方的缺点，第一次规定了国民党从中央到基层的完整组织系统，即全国，各省、县、区，分别设立代表大会和相应的执行委员会。新党章改变了以往的委任制，规定各级党部均由选举产生。大会最后选举了中国国民党中央执行委员会。共产党员李大钊、谭平山、于树德、毛泽东、林伯渠、瞿秋白、张国焘、于方舟、韩麟符、沈定一10人当选为中央执行委员或候补中央执行委员，约占委员总数的1/4。接着召开的国民党一届一中全会，推选廖仲恺、谭平山、戴季陶为中央常务委员，并决定成立中央党部。谭平山、林伯渠、彭湃等都在中央党部各部门担任重要职务。中国国民党第一次全国代表大会的召开，标志着第一次国共合作的正式形成。

王尽美参加了国民党“一大”，深受教育和启发，对国共合作的意义，有了更明确的认识。会议期间，通过山东代表丁惟汾、王乐平等人，与孙中山有了交往，建立了友谊。

国民党改组后，为了加强对各地党务的监督和指导，决定除广州为中央执行委员会所在地，设特别区外，另向上海、北京、汉口、哈尔滨、四川派遣中央执行委员，组织执行部。4月，在共产党人李大钊等的帮助和领导下，国民党北方执行部正式成立。李大钊、丁惟汾分别任组织部部长和工人部部长。王尽美代表山东省国民党组织参加了执行部的领导工作，任工人部部长助理。北方执行部管辖直隶、北京、山东、热河、察哈尔、奉天、山西、甘肃等北方各省市的国民党组织。

与此同时，国民党中央派王乐平以山东省临时执行委员会筹备员的名义在山东建立国民党组织。王尽美等共产党员加入国民党后，积极帮助国民党健全组织、发展党员。在国民党北方执行部的指导下，中共济南地执委和团济南地执委发动党、团员，以山东平民学会和平民夜校为基地，积极在青年学生和工人中发展国民党员，帮助国民党改组。4月，王乐平、王尽美等召集山东各地国民党员和平民学会的代表在济南举行会议，建立了国民党山东省临时党部，选举王乐平、王尽美等九人为执行委员。随后，国民党济南市临时党部和青岛市临时党部也相继建立。当时，共有国民党员近100人。

改组后的国民党，阶级构成仍很复杂，包括工人、农民、城市小资产阶级、民族资产阶级和一部分买办资产阶级。各阶级基于不同的立场，在对国民党的政治方向、国民革命的目标和孙中山的三大政策等问题上，存在着严重分歧，从而不可避免地造成了国民党内部的分化，形成了左、中、右三派。此外，帝国主义和军阀势力也采取外部压迫和内部收买的双重手段对国民党进行分化和破坏，使左右派之间的矛盾和冲突日益激化。右派千方百计在国民党中排挤和打击共产党。在这种形势下，许多共产党员对国民党的复杂情况认识不足，对在国民党内如何工作又缺乏经验，所以在实际工作中出现了过于忍让迁就的右的偏差。

王尽美在根据中共中央的指示，帮助山东国民党改组和发展的同时，对国民党内部的斗争和国共两党的关系及前途有着清醒而正确的认识。虽然山东是国民党右派势力较弱的地区，但是王尽美等却并未因此而放松警惕性。他经常在党、团会议上和在与党、团员的个别谈话中对党、团员进行教育。他关于对国民党采取既团结又斗争的主张，极富远见卓识。在国共合作中，王尽美既顾全大局，又坚持原则。有一次在选举时，共产党人被选入的多了些，引起王乐平等人的不满，于是，王尽美便调下了几位共产党人，巩固了国共合作的关系。对国民党内一些右派的进攻，王尽美则采取及时揭露、严肃斗争的方针。

为适应国民党组织迅速发展的新形势，中共济南地执委在接到中共中央关于在国民党及其他群众团体中建立党团的通告后，于 1924 年 11 月 30 日召开中共济南地执委和团济南地执委联席会议，讨论具体贯彻方法，通过了《组织党团问题议案大纲》。党团的建立，加强了中国共产党在国民党中的影响，促进了山东国共合作的顺利发展。

在王尽美为首的中共济南地执委和国民党进步人士的共同努力下，山东国民党组织得到迅速发展。1925年7月11日至13日，国民党山东省第一次代表大会在济南召开。出席大会的各地代表三十余人，其中有共产党员邓恩铭、丁君羊、王翔千、王辩、庄龙甲等十余人。当时已病情严重、生命垂危的王尽美未能参加会议。大会选举产生了国民党山东省党部第一届执行委员和监察委员。共产党丁君羊、邓恩铭、延伯真和王辩、王用章、丁子明分别当选为执行委员和候补执行委员。这次大会进一步巩固和发展了山东的国共合作，推动了正在发展的反帝爱国运动。

改组后的山东国民党的成分有很大变化，工农成分迅速增加。到1926年国民党第二次全国代表大会时，山东的国民党员达2500人，其中学生占40%，工人占

25%，农民占 15%，教师占 15%，其他占 5%。山东国民党组织基本上成为工人、农民、城市小资产阶级和民族资产阶级的革命联盟。

⊖ 掀起新的反帝高潮

☆☆☆☆☆

（26 岁）

中共“三大”明确提出革命的主要任务是实现国民革命，即工人、农民、小资产阶级和中产阶级几个阶级联合一致，“排除外力及军阀”。为了宣传国民革命思想，共产党与国民党共同在山东创办了《十日》旬刊和《现代青年》周刊。《现代青年》周刊由国民党山东省临时党部出版，团济南地执委编辑、发行，1924 年 6月正式创刊，每星期二出版，主要内容是揭露帝国主义和基督教。王尽美亲自参与了刊物的编辑工作。当时,《现代青年》周刊发行山东全境，是山东政治论坛上最有权威的刊物。《十日》旬刊，是1924年以山东省平民学会名义创办的。王尽美参与主办。他在《十日》旬刊上发表了许多重要文章，揭露帝国主义、封建军阀、官僚政客、资本家的各种罪行及其伪善面目，如1924年8月5日在《十日》旬刊上发表了《呜呼! 北政府的外交! 》一文，揭露北洋政府媚外政策。他同时对中国革命的一些重要问题阐明了观点。这些文章鼓舞了革命者和工人阶级、广大劳动群众的斗志。

1924年5月31日，苏联政府与北京政府签订了《中俄解决悬案大纲协定》。这个协定，是中国自鸦片战争以来和外国签订的第一个平等条约。它废除了帝俄强加给中国人民的一切不平等条约。协定的签订，直接推动了中国人民废除不平等条约的反帝运动。在中国共产党的领导下，一场以废除不平等条约为中心的反帝斗争全面展开。7月13日，北京学生联合会等五十多个团体联合组成反帝国主义大同盟。反帝大同盟发起“九七”国耻(《辛丑条约》签订日期) 反帝运动，规定9月3日至9日为全国反帝运动周。中共中央和团体发出通知，要求各地党、团组织在9月7日举行反帝群众大会和游行示威。

山东各地的反帝运动在王尽美的领导下蓬勃开展起来。

8月初，中共济南地执委和团济南地执委根据中共中央指示，召开联席会议。会议决定由王尽美在国民党临时省党部以各界联合会和国货维持会名义发起组织山东反帝国主义大同盟。

8月24日，山东省和济南各界31个团体的代表聚集在国货维持会，举行会议，正式成立山东反帝国主义大同盟，并发表了《山东反帝国主义大同盟宣言》。《宣言》是由王尽美亲自起草的。

《宣言》明确地向山东人民提出了四条反帝纲领：（一）"凡为帝国主义国家，不论其为英、为美、为日、为法，皆在我们反对之列"，而不应有"此厚彼薄之界限"和"分量轻重之区分"；（二）"凡是帝国主义之侵略，不论其为过去或是现在及将来，都要一律反对"，"已成为之特权及不平等条约"或"正在进行之借款，贩卖军火，经济及政治侵略"等，都要"努力打破"，"使之废弃及收回"；（三）凡帝国主义"在我国豢养下的代理人及宣传者"，如"军阀和外交系"、基督教等，都要"猛烈地加以反对"；（四）帝国主义是世界的，因此，反对帝国主

▷ 王尽美

义必须联合帝国主义国内的农工，联合世界一切反帝国主义之国家和民族，“形成一个国际的反帝国主义联合战线，以增厚我们的努力”，“向帝国主义战斗”！

《宣言》号召山东人民积极参加反帝爱国运动：“反帝国主义是费我们努力的工作，他的组织和计划是非大规模不可的。我们唯望爱国的同胞都参加此种运动，一致与我们向帝国主义战斗！盖今日之势，不奋斗以求解放，只是投降帝国主义为永世之奴隶，二者将何所择，唯在我国民之自决！”

王尽美起草的这份《宣言》，是山东反帝大同盟的一份纲领性文献，是一篇声讨帝国主义及其中国军阀的战斗檄文。

9月7日，王尽美组织济南党、团地执委以山东反帝大同盟的名义，召开了由三十余个团体六七百人参加的群众大会。王尽美在会上发表了慷慨激昂的演说。他历数帝国主义对中国的种种侵略，号召人民参加反帝斗争，听众莫不振奋。大会还以国民党山东省和济南市临时党部的名义散发了两个宣言，揭露帝国主义侵略中国之罪行，要求废除一切不平等条约。

随着反帝废约运动的深入，在共产党的倡导和领导下，全国掀起了反对基督教运动的高潮。王尽美也积极投入到反基督教运动中，并领导了山东非基督教运动的开展。

在中国近代史上，西方基督教会在不平等条约的庇护下进入中国。基督教在中国的传播，与外国资本帝国主义的侵略是紧密相连的，是文化侵略的一种手段，再加上基督教义与中国传统的儒家思想和伦理观念存在着冲突，以及某些不法教徒依仗教会势力，为非作歹，横行乡里，因此，基督教在中国和山东遭到了强烈的反对。

在全国非基督教运动的推动下，王尽美等以中共济南地执委和团济南地执委的名义，联络各进步团体，于1924年12月初，召开济南非基督教大同盟成立大会，选举产生了领导机构。在当选的委员和候补委员中，有五名共产党员和青年团员。共产党员李宇超主持大同盟的工作。大会决议在12月22日至28日的非基督教运动周内，按照团中央通告的精神，开展一次广泛的非基督教运动，积极开展反对帝国主义利用宗教进行侵略的宣传，揭露教会的种种黑幕，激发人民群众的反帝思想。大会后，又在山东各地发展盟员，先后建立了青州等九个分盟，合计有盟员一百二十余人。

耶稣诞生日前后，也是基督教教徒最为活跃的日子。他们分头走向街头，或口头布道，或散发宗教小册子，来传播基督教知识，扩大教会影响。王尽美等针锋相对，领导了反基督教讲演，其中王尽美的讲演最为精彩、最具有鼓动力。他站在台上，右手拿着一卷宣传品，用力拍打着伸出的左手，激昂地说："耶稣说：'人家打你左脸，你就把右脸也送给他打。'这不是叫我们不抵抗帝国主义的侵略吗？他们要我们的山东，难道我们连全中国都送给他们吗？……"听众越聚越多，以致将戏台围得水泄不通。王尽美等组织的济南非基督教宣传活动，取得了很大成效。据当时报载，"济南的非基督教运动周，以演讲最为成功。教会在一'游人荟萃之所'进行传教，他们在同一地方进行反基督教活动，真可谓'短兵相接'；这样连续战斗了三四天，教会虽有洋鼓洋号、画片等引诱人，但是，牧师们的鬼话，当然比不上非基督教大同盟热烈诚恳的演词"，"听者皆大呼废除不平等条约"，"激昂万分，高呼鼓掌，震天动地"。

王尽美等领导的这次非基督教运动，与义和团的旧式反洋教斗争不同。他们清醒地认为："基督教的本身，自有其相当的价值。惟充当了帝国主义侵略的工具，那便使我们不能不极端反对了。"

尽心力于国民会议运动和青岛工人罢工

☆☆☆☆☆

（27岁）

1925年3月，根据中共中央指示，成立了统一领导山东各地党组织的山东地方执行委员会，尹宽、王尽美、邓恩铭、王翔千、刘俊才为委员，尹宽任书记。

早在1923年7月，中共针对军阀之间明争暗斗的政治态势，发表了《第二次对时局的主张》，提出了“召开国民会议”的口号，主张由全国的商会、工会、农会、学生会及其他职业团体，推举代表，共同举行国民会议，解决中国的政治问题。1924年10月，冯玉祥发动北京政变，电邀孙中山北上“共商国是”。

孙中山发表《北上宣言》，主张“召集国民会议，以谋中国统一与建设”。

为了把革命影响扩大到全国，中共中央支持孙中山北上，并于11月19日发表了对于时局的主张，指出解决政治问题的方法，乃是中国共产党上一年提出、现在国民党也号召的召开国民会议。于是，国共两党一道，在全国范围内发起一个以召开国民会议为中心内容的运动。

王尽美等根据中共中央《孙中山北上，各地应组织国民会议促成会及开展活动》的通告精神，组织济南党、团员在11月积极开展对外宣传，号召各界团结起来，努力促成国民会议的召开。12月，王尽美和王乐平、阎容德一起到北京，参加在李大钊直接领导下召开的国民会议促成会总会。此时，北京的国民会议运动宣传活动正进行得轰轰烈烈，街头到处都是讲演的学生。李大钊和中共中央北方区委还组织了讲演大会，李大钊亲自演讲。王尽美在这样的氛围中深受鼓舞。

此时，孙中山北上来到天津。王尽美、王乐平、阎容德以及山东籍的北大学生王哲四人前往天津拜见孙中山。孙中山与王乐平交情颇深，与王尽美在国民党“一大”时也相识，并有所了解，还有委任他们为国民会议特别宣传员、负责在山东宣传国民会议的意图，于是就接见

△ 王尽美在青岛集会活动地胶澳中学

了他们。王哲回忆当时的情况说：“孙中山首先接见了王尽美同志，并与其进行了长时间的亲切的谈话”，“孙中山先生以他个人的名义委任王尽美同志为国民会议宣传特派员，并授予了盖有孙文之印的委任状”。“接着，孙中山先生又分别接见了王乐平、阎容德和我，也都颁发了国民会议宣传特派员委任状。”

王尽美等四人从天津回济南时，王乐平、阎容德坐的是头等车厢，王尽美则邀王哲与他一起乘坐三等车厢。因为三等车厢乘客多，而且又都是劳苦群众，这是一个联系群众和宣传群众的好机会。王尽美在列车上热情地向广大乘客宣传国民会议运动的重要意义。他讲话通俗诙谐，幽默动听，车上的乘客为他的讲演所吸引，纷纷围拢在他的身旁聚精会神地听他讲演。王尽美还对大家提出的问题，深入浅出地进行解释。每到一站，旅客有上有下，他就一遍又一遍地宣传。当时，王尽美随身带了一把胡琴，他讲一阵就拉一阵胡琴，讲讲拉拉，拉拉讲讲，使车厢里气氛十分活跃。王尽美从天津一直宣传到济南。

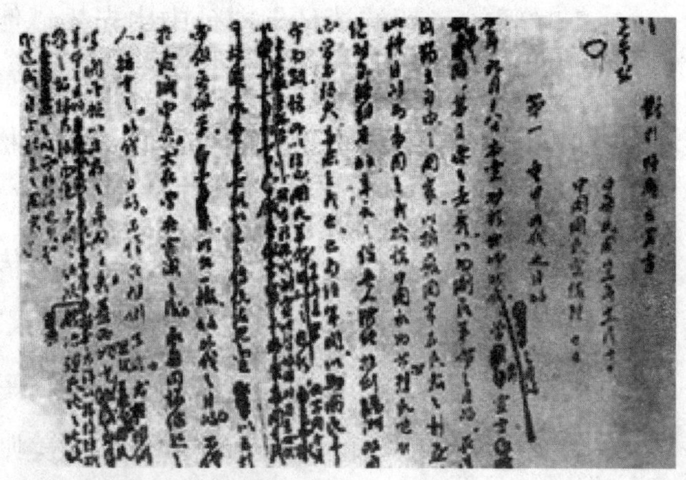

△ 孙中山北上宣言的原稿

12月28日下午，王尽美、王乐平等以国民会议特别宣传员的身份，在省教育会召开山东省和济南各界代表会议。王尽美等发表演说，阐述召开国民会议的意义及其与各界人民的关系。会议决定成立山东国民会议促成会筹备委员会。1925年1月5日，筹备委员会在省教育会举行会议，通过了《山东国民会议促成会简章》。7日，会议选举出山东国民会议促成会委员21人，其中，共产党员和青年团员10人，国民党员5人，其他各界代表6人；通过了《山东国民会议促成会成立宣言》，宣告山东国民会议促成会正式成立。同时，中共济南地执委和团济南地执委决定建立中共山东国民会议促成会党团，具体指导全省的促成国民会议运动。

在山东省国民会议促成会成立前后，王尽美以国民会议特别宣传员的身份，赴山东青州、潍县、青岛、淄博等地，进行国民会议促成会的组建工作。

王尽美到青岛后，与邓恩铭决定与国民党密切合作，成立青岛国民会议促成会。这一决定得到了国民党左派人士鲁佛民等的热烈欢迎和支持。经过紧张的筹备工作，1月17日，青岛三十七个团体的五十余名代表在胶澳教职员联合会事务所内召开会议，成立了青岛国民会议促成会。会议一致通过了青岛国民会议促成会宣言和致孙中山、段祺瑞以及各省各法团电。会上，王尽美就召开国民会议的意义发表了讲演。会后，王尽美又在青岛发表了两次讲演。他指出："国家危亡，人民痛苦，中华民族前途不堪设想。孙中山先生提出的召开国民会议的决议，是解决当前中国问题唯一良好的办法。""召开国民会议，就是结束封建军阀统治，建立民主政治；就是为社会主义革命扫清道路的一个重要步骤。"他号召："各界人士团结起来，为争取国民会议的召开而共同奋斗。"青岛国民会议运动，在王尽美、邓恩铭的亲自指导和国共两党的共同努力下，成为全国最活跃的地区之一。

1925 年 3 月 12 日，孙中山在北京逝世。中共中央发表《告中国民众书》，指出："为中国民族自由而战的孙中山死了，自然是中国民族自由的一大损失，然而这个运动是决不会随着孙中山先生之死而停止的。"正在北京出席国民会议促成会全国代表大会的王尽美，同李大钊、赵世炎等一起参加了追悼、安葬孙中山的隆重活动。

参加过北京追悼、安葬孙中山活动的王尽美，匆匆赶回山东，指导山东追悼孙中山的活动和国民会议运动。济南和山东悼念孙中山的活动，成为一场唤起民众、推动国民革命的运动。

王尽美在青岛开展国民会议运动期间，与邓恩铭等一起领导了胶济路和四方机厂的工人大罢工。罢工取得了胜利，并成立了胶济铁路总工会。这次大罢工，在中国工运史上占有重要地位。中国工人运动的先驱邓中夏在1930年编写的《中国职工运动简史》上写道："'二七'失败已隔一年……此时有一新生势力为'二七'时所没有的，就是异军突起的胶济铁路工会，该会在中国工人阶级大受打击之后，居然能起来组织工会，会员发展到一千五百余人，不能不算是难

△ 1925年四方机厂举行工人大罢工，此照片是罢工结束正式复工时，全体工人为庆贺胜利合影留念举行。

能可贵。”

青岛四方机厂工人罢工取得胜利后，王尽美、邓恩铭领导青岛党组织，认真总结经验，调配力量，迅速将工作重点转移到产业工人最多、受压迫最重的日商纱厂工人中去。在山东地执委和青岛党组织的领导下，青岛日商纱厂工人从4月19日至5月9日举行了第一次同盟大罢工。罢工的胜利，将青岛的工运推向了新阶段。

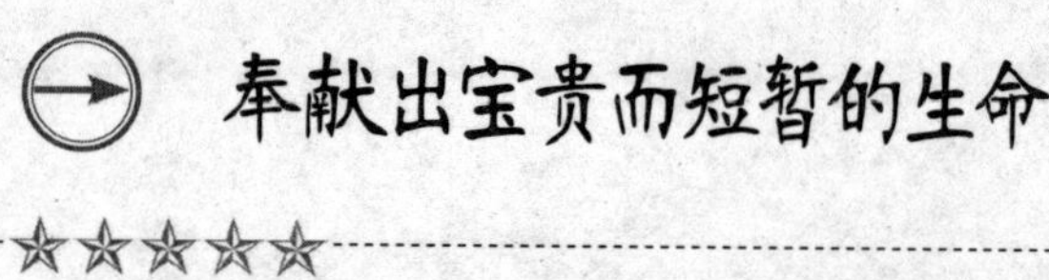

（27岁）

长期过度紧张的工作和长年艰辛的生活，严重地摧残着王尽美的身心健康。1924年10月，王尽美就染上了肺结核病。1924年12月在济南与基督教徒论战时，他因连日演讲，劳累过度，致使吐血晕倒，不得不住在济南商埠一家日本医院治疗。

住院期间，王尽美关心的不是自己的身体，而是山东刚刚兴起的国民会议运动和处在发动期的青岛工人运动，是山东党组织的发展、壮大。因此，他住院不到一周就匆匆出院，投入到战斗中，奔走于北京、青岛、淄博、青州等处。在青岛开展国民会议运动和领导四方机厂工人罢工期间，他不顾疾病的折磨，每天频繁地接待来访的青岛各界人士，四处讲演，并密切关注运动的动向，夜以继日地策划、布置工人罢工，只有晚饭后才能躺在床上略歇片刻，马上又伏案办公。因而，他的肺病继续发展，不时大口大口地吐血。然而，病魔始终没有使以革命为终身职业、以人类解放为最高目标的王尽美倒下去，他在顽强地战斗着。

当青岛日商纱厂工人第一次同盟罢工胜利后，病重的王尽美不得不卧床休养。

王尽美的病情越来越重了，党组织和同志们曾多次劝他住院治疗，但他认为住院花费太大，多次婉言谢绝。在这种情况下，党组织只好劝他回家静心休养。

1925年6月，王尽美回到了自己的故乡——大北杏村。

白发苍苍的祖母，慈祥善良的母亲，勤劳能干的妻子，以悲喜交加的心情迎接王尽美的归来。两个天真可爱的孩子则高兴得手舞足蹈。尽管亲人奔请良医、悉心照料，然而，当时的医疗水平对肺结核病毫无办法，王尽美的病情仍一天天加重。眼看着王尽美的病情日益恶化，亲人们心如刀绞，祖母、母亲、妻子不时地暗暗悲泣。王尽美常常在昏迷状态中被亲人们的抽泣声惊醒。其实，王尽美何尝不撕心裂肺。他不敢想象自己死后三个寡妇和两个幼子将会处于何等悲惨的境地！

王尽美在家休养了大约一个月左右，但病情不见任何好转。他知道自己已无生的希望，便产生了到自己在病前和病中工作和战斗过的青岛去看看战友们的心愿。他的祖母、母亲和妻子认为青岛的医疗条件更好些，也就同意了他的要求。她们把家中可以变卖的东西全都变卖了，为王尽美准备了部分生活和医疗费。王尽美的妻子留在家中照顾孩子，母亲陪同他前往青岛。

7月的一天，烈日炎炎，身体十分虚弱的王尽美在母亲的陪同下，离开了大北杏村。临走时，他紧紧地捏着两个孩子的手摇了又摇，久久不愿松开。他知道，这一去，就是与亲人的诀别啊。这是人间最难忍受的生离死别啊！最后，他深情地凝视着蜿蜒的潍水河、起伏的乔有山，

▷ 王尽美手迹

在亲人们的哽咽声中离开了家，离开了大北杏村。

住在青岛医院的王尽美，骨瘦如柴，肚子板硬，吐着大块大块的鲜血。但他对战友们从不谈及自己的病情，总是勖勉大家要好好为党工作：“我是不行了，你们好好为党工作吧！我万万想不到会死在病床上。”临终前，王尽美请中共青岛党组织负责人笔录了他口授的遗嘱：

全体同志要好好工作，为无产阶级和全

7

全國鐵路工會殉難戰士第一次調查表 一九二六年八月

姓名	籍貫	年齡	任務	黨籍	死事概略	其他
游天澤	湖南	[illegible]歲	隴海鐵路總工會秘書	中國共產黨洛陽組長	一九二三年為交通系所害，被逮死。	[illegible]
王盡美	山東	二十九歲	京奉鐵路總工會秘書	中國共產黨山東地方委員會書記	一九二五年積勞咯血死。	
王長保	湖北	二十八歲	京漢鐵路鄭州工會會員	中國共產黨黨員	一九二五年八月[illegible]	
韓玉山	湖北	三十二歲	京漢鐵路鄭州工會執行委員	中國共產黨黨員	仝上	
李慰農	安徽	二十七歲	膠濟鐵路總工會宣傳部[illegible]	中國共產黨青島地方委員會書記	一九二五年七月[illegible]	

◁ 1936年10月10日，中华全国铁路总工会编辑发行的《革命战士集》（一）中的王尽美烈士登记表。

人类的解放和共产主义的彻底实现而奋斗到底！

遗嘱记录写好后，王尽美亲自过目，然后在遗嘱上按下了手印。

1925 年 8 月 19 日，王尽美告别了人世。时年 27 岁。

后 记

“君与恩铭不老松”

王尽美，一位生命最为短暂的中共“一大”代表。

王尽美，一位为民族独立和人民解放最早献身的中共“一大”代表。

王尽美，用自己的一生实践了自己的誓言：鲜血浇出自由花，白骨堆成凯旋门。

星星之火，可以燎原。

在点燃新的革命之火的王尽美献身24年之后，共产党迎来了在全国执政的胜利。正在筹备开国大典的毛泽东，此时心潮澎湃、浮想联翩，脑海中映现出一位位共同战斗而已经谢世的同志的音容笑貌。他深情地对参加第一届全国政协会议的山东代表马保三说：“革命胜利了，不能忘记老同志。你们山东要把王尽美、邓恩铭烈士的历史搞好，要收集他们的遗物。”毛泽东还生动地描述说:“王尽美耳朵大，长方脸，细高挑，说话沉着大方，很有口才，大伙都亲热地叫他‘王大耳’。”这是毛泽东第一次提王尽美。1952 年到山东视察的毛泽东又一次说 :“你们山东有个王尽美，是个好同志。听说他母亲还活着，你们要养起来。”“文革”中的 1969 年，已届 76 岁的毛泽东，在中共“九大”会议上第三次提到王尽美。他扳着手指历数牺牲的“一大”代表，第一个提到的就是王尽美。另一位中共“一大”代表董必武，于 1961 年情意切切地赋诗一首 :

四十年前会上逢，
南湖泛舟语从容。
济南名士知多少，
君与恩铭不老松。

“君与恩铭不老松”，是的，王尽美、邓恩铭，他们的思想，他们的功绩，他们的风骨，就像泰山之巅的青松，长留人间!